초등필수
영단어

교육부 지정 초등필수 영단어 3·4학년용

지은이 초등교재개발연구소
펴낸이 임상진
펴낸곳 (주)넥서스

출판신고 1992년 4월 3일 제311-2002-2호 ㉑

10880 경기도 파주시 지목로 5
Tel (02)330-5500 Fax (02)330-5555

ISBN 979-11-5752-876-9 64740
        979-11-5752-874-5 (SET)

www.nexusEDU.kr

교육부 지정

초등필수 영단어

3-4

학년용

NEXUS Edu

초등필수 영단어

보고, 듣고, 읽고, 쓰면서 외우는
(감각적 단어 암기장)

- 최신 교육 과정에 따른 초등학교 권장 어휘 798개를 포함한 총 900개의 어휘로 구성

- 일상 생활, 학교 생활 속에서 만날 수 있는 토픽별 단어

- 그림으로 단어 익히고 패턴 연습으로 문장 암기

- 재미있게 암기할 수 있도록 단어 게임 수록 ?

- 여러 가지 문제를 풀면서 꼼꼼하게 확인 또 확인

- 워크북으로 쓰고 들으면서 꼼꼼하게 마무리

- 총 3권의 책을 통해 900개 초등 기본 어휘를 철저하게 암기

- 총3권, 각 권별 30 Day, 각 Day별 10개의 단어

- 하루에 부담 없이 10개의 단어만 암기하면 30일 후에는 300개, 3달 후에는 900개의 초등 필수 어휘를 모두 암기 UP!

구성 및 특징

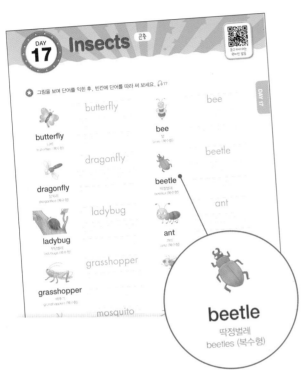

단어와 이미지가 함께 머릿속에!!

- 이미지 연상법을 통한 재미있는 어휘 학습
- 보고, 듣고, 쓰면서 저절로 어휘 암기

이미지 단어 암기 활용법

① 영어 단어와 우리말 뜻을 가리고, 그림이 표현하는
   단어를 생각해 보세요.
② 우리말 뜻을 가리고 영어 단어의 뜻을 말해 보세요.
③ 단어를 들으며 따라 읽어 보세요.
④ 단어를 읽으면서 빈칸에 세 번 써 보세요.

패턴 연습으로 문장까지 쏙쏙 암기!!

- 단어 암기는 물론, 문장 암기는 덤
- 반복적인 패턴 연습으로 말하기까지 가능
- 문장을 통해 어휘의 쓰임도 파악

패턴 연습 활용법

① 우리말 뜻을 확인하고 빈칸을 채워 보세요.
② 패턴의 확장 과정을 익혀 보세요.
③ 주어진 패턴 부분을 가린 후 우리말 뜻을 보고 암기해 보세요.
④ 주어진 패턴으로 활용할 수 있는 다른 문장을 생각해 보세요.

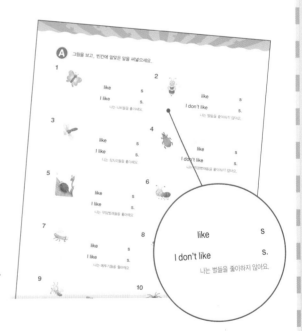

다양한 게임으로 공부와 재미를 한번에!!

• B: 두 가지 게임 유형이 번갈아 나와 흥미 유발
• C: 친구들이 좋아하는 크로스워드 퍼즐 게임

✎ 게임 활동 활용법

① 시간제한을 두거나, "누가 누가 빨리하나" 경쟁하며
　풀어보게 하세요.
② 다 푼 교재는 단어장 카드로 만들어 활용하세요.
　900단어 암기 카드가 완성됩니다.

★ Word Connecting

① 그림을 보고, 흩어진 알파벳을 연결하여 그림에 딱 맞는
　단어를 찾아보세요.
② 주어진 첫 번째 알파벳과 마지막 알파벳을 이용해 그림
　에 맞는 단어를 알파벳 순서대로 연결해 보세요.

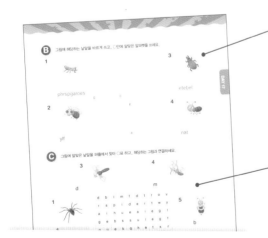

★ Word Scramble

① 그림을 보고, 주어진 알파벳을 순서대로 배열해 보세요.
② 주어진 알파벳과 똑같은 색깔의 동그라미를 찾아 한 칸
　에 하나씩 알파벳을 써 넣으면 하나의 단어를 완성할 수
　있어요.

★ Crossword Puzzle

① 그림과 주어진 첫 번째 알파벳을 이용해 단어를 찾아보
　세요.
② 왼쪽, 오른쪽, 위, 아래, 대각선으로 어디든지 뻗어 나갈
　수 있어요. 알파벳을 잘 살펴보며 단어를 연결해 보세요.

단어 고르기와 빈칸 채우기 문제로 또 복습!!

- D: 한글 문장을 읽고, 괄호 안의 알맞은 단어 고르기
- E: 주어진 단어를 활용해 질문에 답하거나, 빈칸 채우기

✏️ 단어 고르기 문항 활용법

① 각 문항의 한글 문장을 읽고, 영어 문장을 읽어 보세요.
② 영어 문장의 괄호 안에서 한글 문장에 맞는 단어를 골라 ○표 하세요.
③ 10개의 문항을 모두 확인한 후, 다시 한 번 영어 문장을 읽어 보세요.

✏️ 빈칸 채우기 문항 활용법

① 앞에서 학습한 10개의 단어가 오른쪽에 제시되어 있어요.
② 이 10개의 단어를 활용해, 주어진 질문에 자신의 생각을 답하거나 빈칸을 채워 보세요.
③ 5개의 문항을 모두 확인한 후, 다시 한 번 영어 문장을 읽어보세요.

워크북

쓰기 연습과 문제풀이로 마무리!!

① 따로 공책이 필요 없이 직접 쓰면서 암기하면 절대 잊어버리지 않아요.
② 빈칸 채우기 문항과 음원을 듣고 받아쓰기 문항으로 한 번 더 복습해요.

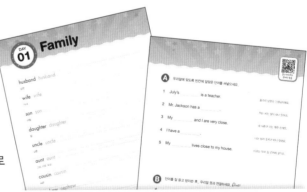

정답 및 MP3 음원 다운로드 : www.nexusbook.com

(contents)

책 뒤편에 워크북이 들어있어요.

학습 캘린더

암기한 단어를 체크하고,
빈칸에 알맞은 뜻을 써 보세요.

Day 01 ☆ 가족

- ☐ husband _____
- ☐ wife _____
- ☐ son _____
- ☐ daughter _____
- ☐ uncle _____
- ☐ aunt _____
- ☐ cousin _____
- ☐ nephew _____
- ☐ niece _____
- ☐ live _____

Day 02 ☆ 사람들

- ☐ baby _____
- ☐ child _____
- ☐ boy _____
- ☐ girl _____
- ☐ man _____
- ☐ woman _____
- ☐ gentleman _____
- ☐ lady _____
- ☐ person _____
- ☐ people _____

Day 03 ☆ 숫자

- ☐ eleven _____
- ☐ twelve _____
- ☐ thirteen _____
- ☐ fourteen _____
- ☐ fifteen _____
- ☐ sixteen _____
- ☐ seventeen _____
- ☐ eighteen _____
- ☐ nineteen _____
- ☐ twenty _____

Day 04 ☆ 감정

- ☐ great _____
- ☐ bad _____
- ☐ scared _____
- ☐ worry _____
- ☐ cry _____
- ☐ joyful _____
- ☐ upset _____
- ☐ thirsty _____
- ☐ hungry _____
- ☐ tired _____

Day 05 ☆ 학교

- ☐ classroom _____
- ☐ classmate _____
- ☐ lesson _____
- ☐ homework _____
- ☐ test _____
- ☐ elementary _____
- ☐ teach _____
- ☐ learn _____
- ☐ read _____
- ☐ write _____

Day 06 ☆ 과목

- ☐ Korean _____
- ☐ English _____
- ☐ math _____
- ☐ science _____
- ☐ art _____
- ☐ music _____
- ☐ history _____
- ☐ study _____
- ☐ sport _____
- ☐ health _____

Day 07 ⭐ 수학

- ☐ number _____
- ☐ plus _____
- ☐ minus _____
- ☐ once _____
- ☐ twice _____
- ☐ zero _____
- ☐ hundred _____
- ☐ thousand _____
- ☐ some _____
- ☐ a lot of _____

Day 08 ⭐ 과학

- ☐ rocket _____
- ☐ robot _____
- ☐ graph _____
- ☐ plant _____
- ☐ vegetable _____
- ☐ insect _____
- ☐ earth _____
- ☐ air _____
- ☐ stone _____
- ☐ fire _____

Day 09 ⭐ 미술

- ☐ color _____
- ☐ brush _____
- ☐ line _____
- ☐ circle _____
- ☐ triangle _____
- ☐ square _____
- ☐ draw _____
- ☐ paint _____
- ☐ make _____
- ☐ cut _____

Day 10 ⭐ 음악

- ☐ piano _____
- ☐ guitar _____
- ☐ drum _____
- ☐ violin _____
- ☐ cello _____
- ☐ flute _____
- ☐ trumpet _____
- ☐ play _____
- ☐ sing _____
- ☐ listen _____

Day 11 ⭐ 취미

- ☐ favorite _____
- ☐ hobby _____
- ☐ cooking _____
- ☐ movie _____
- ☐ dance _____
- ☐ camera _____
- ☐ kite _____
- ☐ badminton _____
- ☐ jogging _____
- ☐ travel _____

Day 12 ⭐ 식사

- ☐ breakfast _____
- ☐ lunch _____
- ☐ dinner _____
- ☐ egg _____
- ☐ salad _____
- ☐ delicious _____
- ☐ sweet _____
- ☐ bitter _____
- ☐ eat _____
- ☐ drink _____

Day 13 ⭐ 물건

- ☐ can _____
- ☐ board _____
- ☐ piece _____
- ☐ glove _____
- ☐ bat _____
- ☐ album _____
- ☐ crayon _____
- ☐ candy _____
- ☐ plastic _____
- ☐ flag _____

Day 14 ⭐ 꽃

- ☐ root _____
- ☐ seed _____
- ☐ stem _____
- ☐ leaf _____
- ☐ flower _____
- ☐ sunflower _____
- ☐ rose _____
- ☐ tulip _____
- ☐ lily _____
- ☐ grow _____

Day 15 ⭐ 동물원

- [ ] giraffe _____
- [ ] kangaroo _____
- [ ] cheetah _____
- [ ] iguana _____
- [ ] deer _____
- [ ] camel _____
- [ ] panda _____
- [ ] owl _____
- [ ] ostrich _____
- [ ] penguin _____

Day 16 ⭐ 바다 동물

- [ ] whale _____
- [ ] shark _____
- [ ] dolphin _____
- [ ] seal _____
- [ ] squid _____
- [ ] octopus _____
- [ ] crab _____
- [ ] lobster _____
- [ ] shrimp _____
- [ ] starfish _____

Day 17 ⭐ 곤충

- [ ] butterfly _____
- [ ] bee _____
- [ ] dragonfly _____
- [ ] beetle _____
- [ ] ladybug _____
- [ ] ant _____
- [ ] grasshopper _____
- [ ] fly _____
- [ ] mosquito _____
- [ ] spider _____

Day 18 ⭐ 직업

- [ ] president _____
- [ ] astronaut _____
- [ ] singer _____
- [ ] dancer _____
- [ ] firefighter _____
- [ ] reporter _____
- [ ] businessman _____
- [ ] driver _____
- [ ] actor _____
- [ ] lawyer _____

Day 19 ⭐ 시간

- [ ] calendar _____
- [ ] date _____
- [ ] second _____
- [ ] minute _____
- [ ] hour _____
- [ ] day _____
- [ ] week _____
- [ ] month _____
- [ ] season _____
- [ ] year _____

Day 20 ⭐ 주

- [ ] Monday _____
- [ ] Tuesday _____
- [ ] Wednesday _____
- [ ] Thursday _____
- [ ] Friday _____
- [ ] Saturday _____
- [ ] Sunday _____
- [ ] weekend _____
- [ ] work _____
- [ ] rest _____

Day 21 ⭐ 달, 월

- [ ] January _____
- [ ] February _____
- [ ] March _____
- [ ] April _____
- [ ] May _____
- [ ] June _____
- [ ] July _____
- [ ] August _____
- [ ] September _____
- [ ] October _____

Day 22 ⭐ 계절

- [ ] November _____
- [ ] December _____
- [ ] holiday _____
- [ ] vacation _____
- [ ] spring _____
- [ ] summer _____
- [ ] autumn _____
- [ ] winter _____
- [ ] different _____
- [ ] return _____

Day 23 ☆ 위치

- ☐ in front of _____
- ☐ behind _____
- ☐ next to _____
- ☐ top _____
- ☐ middle _____
- ☐ bottom _____
- ☐ corner _____
- ☐ end _____
- ☐ here _____
- ☐ there _____

Day 24 ☆ 마을

- ☐ store _____
- ☐ restaurant _____
- ☐ bakery _____
- ☐ church _____
- ☐ library _____
- ☐ hospital _____
- ☐ drugstore _____
- ☐ theater _____
- ☐ bank _____
- ☐ post office _____

Day 25 ☆ 도시

- ☐ building _____
- ☐ town _____
- ☐ company _____
- ☐ pool _____
- ☐ park _____
- ☐ airport _____
- ☐ factory _____
- ☐ museum _____
- ☐ police station _____
- ☐ zoo _____

Day 26 ☆ 국가

- ☐ Korea _____
- ☐ Japan _____
- ☐ China _____
- ☐ India _____
- ☐ America _____
- ☐ Germany _____
- ☐ England _____
- ☐ France _____
- ☐ Italy _____
- ☐ world _____

Day 27 ☆ 성

- ☐ castle _____
- ☐ king _____
- ☐ queen _____
- ☐ prince _____
- ☐ princess _____
- ☐ block _____
- ☐ gate _____
- ☐ wall _____
- ☐ stairs _____
- ☐ garden _____

Day 28 ☆ 옷

- ☐ cap _____
- ☐ belt _____
- ☐ vest _____
- ☐ sweater _____
- ☐ coat _____
- ☐ button _____
- ☐ pocket _____
- ☐ shorts _____
- ☐ boots _____
- ☐ wear _____

Day 29 ☆ 모습

- ☐ young _____
- ☐ old _____
- ☐ strong _____
- ☐ weak _____
- ☐ hard _____
- ☐ soft _____
- ☐ dirty _____
- ☐ clean _____
- ☐ thick _____
- ☐ thin _____

Day 30 ☆ 행동

- ☐ start _____
- ☐ finish _____
- ☐ move _____
- ☐ continue _____
- ☐ call _____
- ☐ walk _____
- ☐ ride _____
- ☐ put _____
- ☐ fall _____
- ☐ help _____

 **Family** 가족

듣고 따라하는
원어민 발음

 그림을 보며 단어를 익힌 후, 빈칸에 단어를 따라 써 보세요. 🎧01

husband
남편

husband

wife
아내

wife

son
아들

son

daughter
딸

daughter

uncle
삼촌

uncle

aunt
고모, 이모, 숙모

aunt

cousin
사촌

cousin

nephew
조카(남자)

nephew

niece
조카(여자)

niece

live
살다

live

1

my

He is my _____ .

그는 나의 남편이에요.

2

my

She is my _____ .

그녀는 나의 아내예요.

3

my

He is my _____ .

그는 나의 아들이에요.

4

my

She is my _____ .

그녀는 나의 딸이에요.

5

my

He is my _____ .

그는 나의 삼촌이에요.

6

my

She is my _____ .

그녀는 나의 고모예요.

7

my

He is my _____ .

그는 나의 사촌이에요.

8

my

He is my _____ .

그는 나의 조카예요.

9

my

She is my _____ .

그녀는 나의 조카예요.

10

_____ in Canada

I _____ in Canada.

나는 캐나다에 살아요.

B 그림에 해당하는 낱말을 바르게 쓰고, ○안에 알맞은 알파벳을 쓰세요.

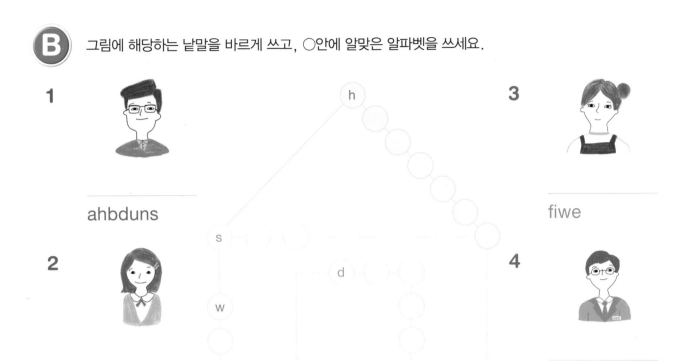

1 ahbduns

2 tghaeurd

3 fiwe

4 ons

C 그림에 알맞은 낱말을 퍼즐에서 찾아 ○표 하고, 해당하는 그림과 연결하세요.

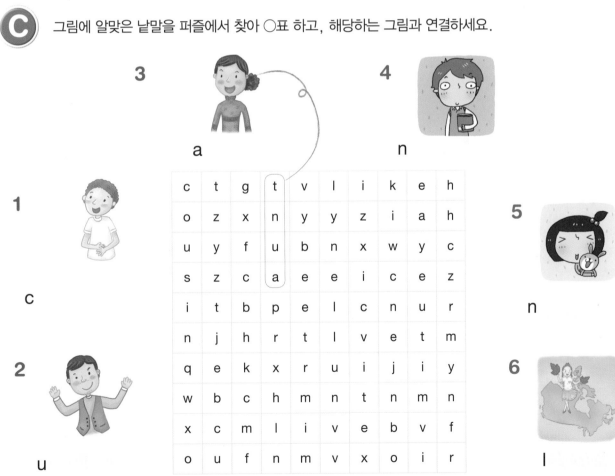

3 a

4 n

1 c

2 u

5 n

6 l

c	t	g	t	v	l	i	k	e	h
o	z	x	n	y	y	z	i	a	h
u	y	f	u	b	n	x	w	y	c
s	z	c	a	e	e	i	c	e	z
i	t	b	p	e	l	c	n	u	r
n	j	h	r	t	l	v	e	t	m
q	e	k	x	r	u	i	j	i	y
w	b	c	h	m	n	t	n	m	n
x	c	m	l	i	v	e	b	v	f
o	u	f	n	m	v	x	o	i	r

D 문장을 읽고, 알맞은 단어에 ○표 하세요.

1 His (nephew / son) is so cute.

그의 남자 조카는 너무 귀여워요.

2 My (wife / aunt) bought me a toy.

우리 숙모는 나에게 장난감을 사주었어요.

3 Her (niece / husband) is a lovely child.

그녀의 여자 조카는 사랑스러운 아이예요.

4 They (uncle / live) in an apartment.

그들은 아파트에 살아요.

5 Her (uncle / husband) reads a magazine.

그녀의 남편은 잡지를 읽어요.

6 His (wife / niece) is doing the laundry.

그의 아내는 빨래를 하고 있어요.

7 He plays basketball with his (aunt / cousin).

그는 사촌과 농구를 해요.

8 Her (son / cousin) plays soccer with his friends.

그녀의 아들은 친구들과 축구를 해요.

9 His (nephew / daughter) plays the violin.

그의 딸은 바이올린을 연주해요.

10 My (uncle / husband) works at the hospital.

우리 삼촌은 병원에서 일해요.

 E 주어진 단어를 활용해 문장을 완성해 보세요.

His _____ sings very well.

그의 아내는 노래를 매우 잘해요.

His _____ studies English.

그의 딸은 영어를 공부해요.

Her _____ is a nurse.

그녀의 숙모는 간호사예요.

Her _____ goes to church on Sunday.

그녀의 남자 조카는 일요일에 교회에 가요.

We _____ in a big city.

우리는 큰 도시에 살아요.

Family
- husband
- wife
- son
- daughter
- uncle
- aunt
- cousin
- nephew
- niece
- live

DAY 02

People 사람들

듣고 따라하는
원어민 발음

⭐ 그림을 보며 단어를 익힌 후, 빈칸에 단어를 따라 써 보세요. 🎧02

baby
아기

baby

child
어린이

child

boy
소년

boy

girl
소녀

girl

man
남자

man

woman
여자

woman

gentleman
신사

gentleman

lady
숙녀

lady

person
사람

person

people
사람들

people

A 그림을 보고, 빈칸에 알맞은 말을 써넣으세요.

1

my

He is my   .

그는 나의 아기예요.

2

a cute

He is a cute   .

그는 귀여운 어린이예요.

3

a nice

He is a nice   .

그는 착한 소년이에요.

4

a nice

She is a nice   .

그녀는 착한 소녀예요.

5

a handsome

He is a handsome   .

그는 잘생긴 남자예요.

6

a pretty

She is a pretty   .

그녀는 예쁜 여자예요.

7

a kind

He is a kind   .

그는 친절한 신사예요.

8

a beautiful

She is a beautiful   .

그녀는 아름다운 숙녀예요.

9

one

There is one   on the bus.

버스에 한 사람이 있어요.

10

two

There are two   on the bus.

버스에 두 사람이 있어요.

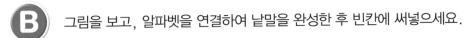

B 그림을 보고, 알파벳을 연결하여 낱말을 완성한 후 빈칸에 써넣으세요.

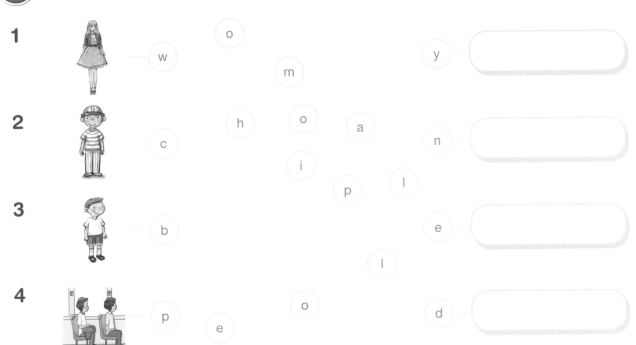

1 w o m y

2 c h o a n i p l

3 b e l

4 p e o d

C 그림에 알맞은 낱말을 퍼즐에서 찾아 ○표 하고, 해당하는 그림과 연결하세요.

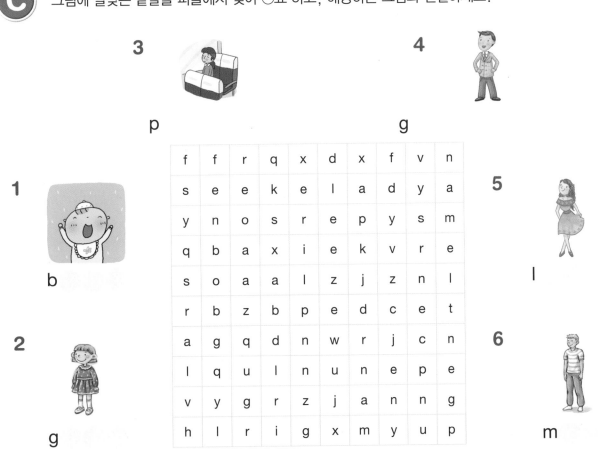

3   p   4   g

1   b

2   g

5   l

6   m

f	f	r	q	x	d	x	f	v	n
s	e	e	k	e	l	a	d	y	a
y	n	o	s	r	e	p	y	s	m
q	b	a	x	i	e	k	v	r	e
s	o	a	a	l	z	j	z	n	l
r	b	z	b	p	e	d	c	e	t
a	g	q	d	n	w	r	j	c	n
l	q	u	l	n	u	n	e	p	e
v	y	g	r	z	j	a	n	n	g
h	l	r	i	g	x	m	y	u	p

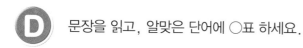

D 문장을 읽고, 알맞은 단어에 ◯표 하세요.

1 The (baby / lady) is sleeping quietly.   아기가 조용히 자고 있어요.

2 The (child / man) is wearing a pink skirt.   아이는 분홍색 치마를 입고 있어요.

3 The (gentleman / boy) eats lunch at school.   소년은 학교에서 점심을 먹어요.

4 The (person / girl) eats dinner with her family.   소녀는 가족과 저녁을 먹어요.

5 The (man / people) bought a baseball glove.   남자는 야구 장갑을 하나 샀어요.

6 The (baby / woman) is reading a book.   여자는 책을 읽고 있어요.

7 The (girl / gentleman) is driving a car.   신사가 차를 운전하고 있어요.

8 The (man / lady) has many ribbons.   숙녀는 많은 리본을 가지고 있어요.

9 This (person / child) has an interesting hobby.   이 사람은 재미있는 취미가 있어요.

10 Many (people/ boy) enjoy her party.   많은 사람들이 그녀의 파티를 즐겨요.

E 주어진 단어를 활용해 문장을 완성해 보세요.

The _____ can swim in the river.
소년은 강에서 수영할 수 있어요.

The _____ got a present from her father.
소녀는 아빠한테 선물을 받았어요.

The _____ has a cute cat.
남자에게는 귀여운 고양이가 있어요.

The _____ takes a walk after lunch.
여자는 점심 식사 후에 산책을 해요.

_____ are dancing at the park.
사람들이 공원에서 춤을 추고 있어요.

People

• baby
• child
• boy
• girl
• man
• woman
• gentleman
• lady
• person
• people

DAY 03 Numbers 숫자

듣고 따라하는
원어민 발음

⭐ 그림을 보며 단어를 익힌 후, 빈칸에 단어를 따라 써 보세요. 🎧 03

11
eleven
11. 열하나

eleven

12
twelve
12. 열둘

twelve

13
thirteen
13. 열셋

thirteen

14
fourteen
14. 열넷

fourteen

15
fifteen
15. 열다섯

fifteen

16
sixteen
16. 열여섯

sixteen

17
seventeen
17. 열일곱

seventeen

18
eighteen
18. 열여덟

eighteen

19
nineteen
19. 열아홉

nineteen

20
twenty
20. 스물

twenty

17

1

11

years old

I'm _____ years old.

나는 열한 살이에요.

2

12

years old

I'm _____ years old.

나는 열두 살이에요.

3

13

years old

I'm _____ years old.

나는 열세 살이에요.

4

14

years old

I'm _____ years old.

나는 열네 살이에요.

5

15

years old

I'm _____ years old.

나는 열다섯 살이에요.

6

16

years old

I'm _____ years old.

나는 열여섯 살이에요.

7

17

years old

I'm _____ years old.

나는 열일곱 살이에요.

8

18

years old

I'm _____ years old.

나는 열여덟 살이에요.

9

19

years old

I'm _____ years old.

나는 열아홉 살이에요.

10

20

years old

I'm _____ years old.

나는 스무 살이에요.

B 그림에 해당하는 낱말을 바르게 쓰고, ○안에 알맞은 알파벳을 쓰세요.

1 vtelew

2 wytetn

3 nevlee

4 nexeits

C 그림에 알맞은 낱말을 퍼즐에서 찾아 ○표 하고, 해당하는 그림과 연결하세요.

3 s

4 f

1 e

2 f

5 n

6 t

s	e	v	e	n	t	e	e	n	a
j	i	b	y	k	y	n	e	e	x
l	f	e	c	e	i	e	f	e	o
r	i	r	o	r	t	e	y	t	q
k	f	p	o	h	t	t	q	r	r
r	t	v	g	k	u	r	a	u	x
j	e	i	v	r	k	i	o	o	k
f	e	o	a	v	p	h	m	f	t
i	n	e	w	d	z	t	e	r	k
k	a	n	e	e	t	e	n	i	n

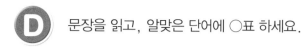

D 문장을 읽고, 알맞은 단어에 ○표 하세요.

1 There are (twelve / sixteen) teams.　　　　　　　열여섯 개의 팀이 있어요.

2 There are (eleven / seventeen) apples.　　　　　사과 열한 개가 있어요.

3 He raises (fifteen / nineteen) pigs.　　　　　　그는 열다섯 마리의 돼지를 키워요.

4 They packed (fourteen / eighteen) boxes.　　　그들은 열여덟 개의 상자를 포장했어요.

5 (Thirteen / Eighteen) books are on the desk.　열세 권의 책이 책상 위에 있어요.

6 The boy saw (seventeen / fourteen) turtles.　소년은 거북이 열네 마리를 보았어요.

7 (Nineteen / Twelve) children are playing together.　열두 명의 아이들이 함께 놀고 있어요.

8 There are (twenty / eighteen) students in my class.　우리 반에는 스무 명의 학생들이 있어요.

9 My brother is (thirteen / seventeen) years old.　우리 오빠는 열일곱 살이에요.

10 There are (nineteen / eleven) monkeys at the zoo.　동물원에 열아홉 마리의 원숭이가 있어요.

E 주어진 단어를 활용해 문장을 완성해 보세요.

_____ people play soccer together.
열한 명의 사람들이 함께 축구를 해요.

I saw _____ hamsters.
나는 열두 마리의 햄스터를 보았어요.

My mother bought _____ pears.
우리 엄마는 배 열다섯 개를 샀어요.

My sister is _____ years old.
우리 언니는 열여덟 살이에요.

There are _____ people in the boat.
배 안에 스무 명의 사람들이 있어요.

Numbers

- eleven
- twelve
- thirteen
- fourteen
- fifteen
- sixteen
- seventeen
- eighteen
- nineteen
- twenty

Feelings 감정

⭐ 그림을 보며 단어를 익힌 후, 빈칸에 단어를 따라 써 보세요. 🎧04

great
정말 좋은, 기쁜

great

bad
불쾌한, 나쁜

bad

scared
겁이 난, 무서운

scared

worry
걱정하다

worry

cry
울다

cry

joyful
즐거운

joyful

upset
화가 난

upset

thirsty
목이 마른

thirsty

hungry
배고픈

hungry

tired
피곤한

tired

그림을 보고, 빈칸에 알맞은 말을 써넣으세요.

1

feel

They feel   .

그들은 기분이 좋아요.

2

feel

I feel   .

나는 기분이 나빠요.

3

is

He is   .

그는 겁이 났어요.

4

about it

Don't   about it.

그것에 대해 걱정하지 마.

5

is   ing

A kid is   ing.

한 아이가 울고 있어요.

6

very

She looks very   .

그녀는 매우 즐거워 보여요.

7

very

He is very   .

그는 매우 화가 났어요.

8

very

She is very   .

그녀는 매우 목이 말라요.

9

really

He is really   .

그는 정말 배가 고파요.

10

really

She is really   .

그녀는 정말 피곤해요.

B 그림을 보고, 알파벳을 연결하여 낱말을 완성한 후 빈칸에 써넣으세요.

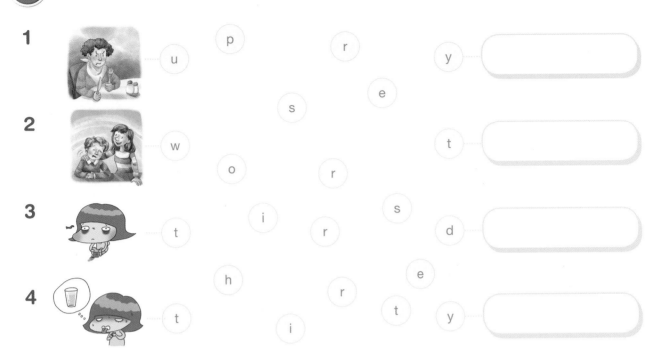

C 그림에 알맞은 낱말을 퍼즐에서 찾아 ○표 하고, 해당하는 그림과 연결하세요.

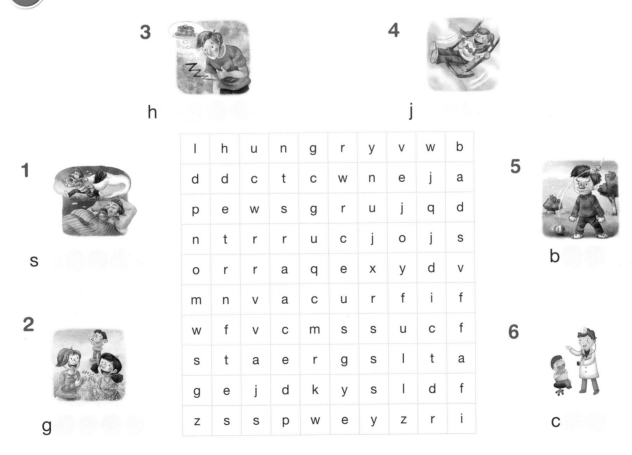

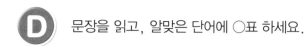

D 문장을 읽고, 알맞은 단어에 ○표 하세요.

1   I feel very (hungry / upset).   나는 매우 화가 나요.

2   That cat looks (worry / hungry).   저 고양이는 배가 고파 보여요.

3   She feels (bad / hungry) today.   그녀는 오늘 기분이 나빠요.

4   He feels (great / upset) when he exercises.   그는 운동할 때 기분이 좋아요.

5   They (worry / cry) about the man.   그들은 그 남자에 대해 걱정해요.

6   The girl doesn't (cry / hungry) at school.   소녀는 학교에서 울지 않아요.

7   They feel (joyful / bad) when they met Lucy.   그들은 루시를 만났을 때 기뻤어요.

8   I need water because I am (thirsty / great).   나는 목이 마려워서 물이 필요해요.

9   The boy always feels (tired / upset) after school.   소년은 방과 후에 언제나 피곤함을 느껴요.

10 The girl is (tired / scared) of snakes.   소녀는 뱀을 무서워해요.

 주어진 단어를 활용해 문장을 완성해 보세요.

I feel _____ when it is dark.

어두울 때는 어떤 느낌이 드나요?

I feel _____ when I go to the park.

공원에 가면 어떤 느낌이 드나요?

I feel _____ after I exercise.

운동을 하고 난 후에 어떤 느낌이 드나요?

I feel _____ after school.

방과 후에는 어떤 느낌이 드나요?

I feel _____ when I finish my homework.

숙제를 끝치면 어떤 느낌이 드나요?

Feelings

• great
• bad
• scared
• worry
• cry
• joyful
• upset
• thirsty
• hungry
• tired

24

School 학교

⭐ 그림을 보며 단어를 익힌 후, 빈칸에 단어를 따라 써 보세요. 🎧05

classroom
교실

classroom

classmate
반 친구, 급우

classmate

lesson
수업, 과목

lesson

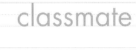

homework
숙제

homework

test
시험

test

elementary
초보의, 초등의

elementary

teach
~을 가르치다

teach

learn
~을 배우다

learn

read
~을 읽다

read

write
~을 쓰다

write

A 그림을 보고, 빈칸에 알맞은 말을 써넣으세요.

1

_____ in the

I am in the _____ .

나는 교실에 있어요.

2

_____ my

She is my _____ .

그녀는 우리 반 친구예요.

3

_____ cello

I take a cello _____ .

나는 첼로 수업을 받아요.

4

_____ my

I do my _____ .

나는 숙제를 해요.

5

_____ take a

He takes a _____ .

그는 시험을 봐요.

6

_____ school

I go to _____ school.

나는 초등학교에 다녀요.

7

_____ English

I _____ English.

나는 영어를 가르쳐요.

8

_____ to ride a bike

I _____ to ride a bike.

나는 자전거 타는 법을 배워요.

9

_____ a book

I _____ a book.

나는 책을 읽어요.

10

_____ your name

_____ your name here.

여기에 당신의 이름을 쓰세요.

B 그림에 해당하는 낱말을 바르게 쓰고, ◯안에 알맞은 알파벳을 쓰세요.

1

raloscoms

2

sett

3

neosls

4

mkohroew

C 그림에 알맞은 낱말을 퍼즐에서 찾아 ◯표 하고, 해당하는 그림과 연결하세요.

3

e

4

c

1

t

2

r

e	l	e	m	e	n	t	a	r	y
t	v	c	g	q	a	e	h	p	f
a	t	o	c	f	t	o	g	c	c
m	r	e	c	i	c	j	c	b	s
s	e	d	a	d	n	r	a	e	l
s	a	w	e	c	z	y	e	j	g
a	d	r	f	t	h	t	i	d	g
l	t	r	q	d	i	r	i	g	v
c	e	k	n	r	n	w	i	a	u
a	e	s	w	s	p	n	u	x	f

5

l

6

w

DAY 05

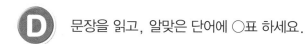

D 문장을 읽고, 알맞은 단어에 ○표 하세요.

1 There is a pretty picture in my (classroom / homework).　　　　우리 교실에는 예쁜 그림이 있어요.

2 My (classmates / tests) like basketball.　　　　우리 반 친구들은 농구를 좋아해요.

3 Our first (lesson / homework) is math.　　　　우리의 첫 수업은 수학이에요.

4 The girl does her (homework / classmate) after school.　　　　소녀는 방과 후에 숙제를 해요.

5 The boy has a (learn / test) tomorrow.　　　　소년은 내일 시험이 있어요.

6 I am an (write / elementary) school student.　　　　나는 초등학생이에요.

7 My teacher (teaches / reads) music at school.　　　　우리 선생님은 학교에서 음악을 가르쳐요.

8 They (write / learn) art at school.　　　　그들은 학교에서 미술을 배워요.

9 My sister can (lesson / read) English books.　　　　우리 언니는 영어책을 읽을 수 있어요.

10 He (teaches / writes) a letter to his parents.　　　　그는 부모님께 편지를 써요.

 E 주어진 단어를 활용해 문장을 완성해 보세요.

There is a clock in my _____.
우리 교실에는 시계가 있어요.

I do my _____ every evening.
나는 매일 저녁 숙제를 해요.

I _____ science at school.
나는 학교에서 과학을 배워요.

I sometimes _____ a novel.
나는 종종 소설책을 읽어요.

I _____ a letter once a month.
나는 한 달에 한 번 편지를 써요.

School
- classroom
- classmate
- lesson
- homework
- test
- elementary
- teach
- learn
- read
- write

28

DAY 06

Subject 과목

듣고 따라하는
원어민 발음

 그림을 보며 단어를 익힌 후, 빈칸에 단어를 따라 써 보세요. 🎧 06

Korean
국어, 한국어

Korean

English
영어

English

math
수학
(mathematics)

math

science
과학

science

art
미술, 예술

art

music
음악

music

history
역사

history

study
공부하다

study

sport
스포츠, 운동

sport

health
보건, 건강

health

29

그림을 보고, 빈칸에 알맞은 말을 써넣으세요.

1

am good at

I am good at　　　　　　　.

나는 국어를 잘해요.

2

am good at

I am good at　　　　　　　.

나는 영어를 잘해요.

3

am good at

I am good at　　　　　　　.

나는 수학을 잘해요.

4

am good at

I am good at　　　　　　　.

나는 과학을 잘해요.

5

am good at

I am good at　　　　　　　.

나는 미술을 잘해요.

6

am good at

I am good at　　　　　　　.

나는 음악을 잘해요.

7

am good at

I am good at　　　　　　　.

나는 역사를 잘해요.

8

very hard

I　　　　　　very hard.

나는 매우 열심히 공부해요.

9

your favorite

What is your favorite　　　　　　?

당신이 가장 좋아하는 스포츠는 무엇인가요?

10

is good for

Exercise is good for　　　　　　.

운동은 건강에 좋아요.

B 그림을 보고, 알파벳을 연결하여 낱말을 완성한 후 빈칸에 써넣으세요.

1

   s   i   c   h

2

   c   e   n   c

   m   a   t

3

   m   r   i   e

   u   s   t

4

   a

C 그림에 알맞은 낱말을 퍼즐에서 찾아 ○표 하고, 해당하는 그림과 연결하세요.

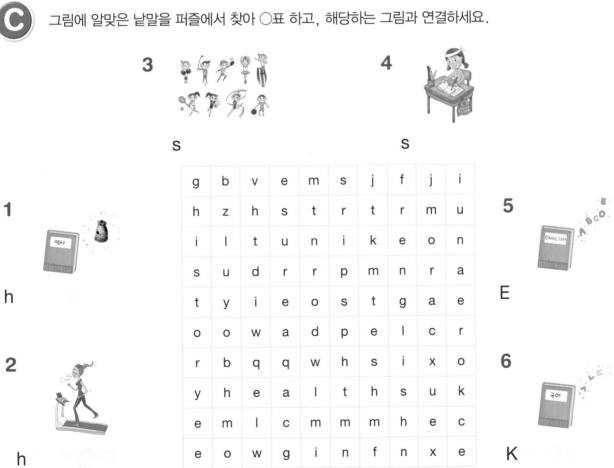

3   4

s   s

g	b	v	e	m	s	j	f	j	i
h	z	h	s	t	r	t	r	m	u
i	l	t	u	n	i	k	e	o	n
s	u	d	r	r	p	m	n	r	a
t	y	i	e	o	s	t	g	a	e
o	o	w	a	d	p	e	l	c	r
r	b	q	q	w	h	s	i	x	o
y	h	e	a	l	t	h	s	u	k
e	m	l	c	m	m	m	h	e	c
e	o	w	g	i	n	f	n	x	e

1   h

2   h

5   E

6   K

1 They learn (Korean / sport) once a week.

그들은 일주일에 한 번 한국어를 배워요.

2 His favorite subject is (art / English).

그가 제일 좋아하는 과목은 영어예요.

3 Her favorite (sport / science) is tennis.

그녀가 제일 좋아하는 스포츠는 테니스예요.

4 The girl drew a picture in (art / sport) class.

소녀는 미술 수업에서 그림을 그렸어요.

5 I want to (sport / study) English harder.

나는 영어를 더 열심히 공부하고 싶어요.

6 She doesn't really like (math / health).

그녀는 수학을 그다지 좋아하지 않아요.

7 The boy is interested in (history / science).

소년은 과학에 흥미가 있어요.

8 We joined a (Korean / music) club yesterday.

우리는 어제 음악 동아리에 가입했어요.

9 (History / Health) education is important for students.

보건 교육은 학생들에게 중요해요.

10 We learn interesting events in (history / art) class.

우리는 역사 수업에서 흥미 있는 사건들을 배워요.

E 주어진 단어를 활용해 문장을 완성해 보세요.

I learn the alphabet in my _____ class.

나는 영어 수업에서 알파벳을 배워요.

I learn addition in my _____ class.

나는 수학 수업에서 덧셈을 배워요.

I learn nature in my _____ class.

나는 과학 수업에서 자연을 배워요.

I draw a picture in my _____ class.

나는 미술 수업에서 그림을 그려요.

I play the piano in my _____ class.

나는 음악 수업에서 피아노를 연주해요.

Subject

• Korean
• English
• math
• science
• art
• music
• history
• study
• sport
• health

DAY 07

Math 수학

듣고 따라하는
원어민 발음

⭐ 그림을 보며 단어를 익힌 후, 빈칸에 단어를 따라 써 보세요. 🎧07

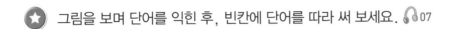

number

number
번호, 수

plus

plus
더하여

minus

minus
~을 뺀

once

once
한 번

twice

twice
두 번

zero

zero
영, 0

hundred

hundred
백, 100

thousand

thousand
천, 1,000

some

some
약간의

a lot of

a lot of
많은
= lots of

33

A 그림을 보고, 빈칸에 알맞은 말을 써넣으세요.

1

010-1234-5678

_____ phone _____

Tell me your phone _____ .

당신의 전화번호를 말해 주세요.

2

nine _____ three _____

9+3=12

Nine _____ three is twelve.

9 더하기 3은 12예요.

3

nine _____ three _____

9-3=6

Nine _____ three is six.

9 빼기 3은 6이에요.

4

_____ a week

I play soccer _____ a week.

나는 일주일에 한 번 축구를 해요.

5

_____ a week

I play soccer _____ a week.

나는 일주일에 두 번 축구를 해요.

6

_____ press _____

I press _____ .

나는 0번을 눌러요.

7

one _____ dollars

I have one _____ dollars.

나는 백 달러가 있어요.

8

one _____ won

I have one _____ won.

나는 천 원이 있어요.

9

_____ books

I have _____ books.

나는 몇 권의 책을 가지고 있어요.

10

_____ books

I have _____ books.

나는 많은 책을 가지고 있어요.

그림에 해당하는 낱말을 바르게 쓰고, ○안에 알맞은 알파벳을 쓰세요.

1

$9-3=6$

nsmui

2

ozre

3

wetci

4

tdshuano

 그림에 알맞은 낱말을 퍼즐에서 찾아 ○표 하고, 해당하는 그림과 연결하세요.

3  　　　**4**

h　　　　　　　　　　　n

d	n	u	m	b	e	r	a	a	a
e	g	q	o	c	k	f	l	w	d
r	v	u	k	q	i	t	o	v	o
d	n	e	m	o	s	r	t	i	v
n	q	q	v	u	s	w	o	h	f
u	y	m	l	t	b	v	f	e	b
h	t	p	x	q	o	j	i	c	s
p	v	m	v	p	z	y	f	n	n
f	k	l	e	n	e	n	c	o	k
p	c	x	m	a	b	q	z	v	d

1

s

2

$9+3=12$

p

5

a

6

o

DAY 07

D 문장을 읽고, 알맞은 단어에 ◯표 하세요.

1 My mother bought (once / some) books.
우리 엄마는 몇 권의 책을 샀어요.

2 The child can count (numbers / plus).
그 아이는 숫자를 셀 수 있어요.

3 Two (plus / twice) three is five.
2 더하기 3은 5예요.

4 Five (some / minus) three is two.
5 빼기 3은 2예요.

5 My brother borrowed (twice / a lot of) toys.
우리 오빠는 많은 장난감을 빌렸어요.

6 She plays table tennis (twice / zero) a week.
그녀는 일주일에 두 번 탁구를 쳐요.

7 The score is three to (zero / thousand).
점수는 3대 0이에요.

8 There are one (plus / hundred) students in the hall.
100명의 학생들이 강당에 있어요.

9 I got one (thousand / number) won from my uncle.
나는 삼촌에게 1,000원을 받았어요.

10 I go camping with friends (hundred / once) a month.
나는 친구들과 한 달에 한 번 캠핑을 가요.

E 주어진 단어를 활용해 문장을 완성해 보세요.

Four _____ two is six.
4 더하기 2는 6이에요.

Eight _____ five is three.
8 빼기 5는 3이에요.

I go to the movies _____ a month.
나는 한 달에 한 번 영화를 보러 가요.

That tree is a _____ years old now.
저 나무는 지금 백 살이에요.

That church was built a _____ years ago.
저 교회는 천 년 전에 만들어졌어요.

Math
- number
- plus
- minus
- once
- twice
- zero
- hundred
- thousand
- some
- a lot of

010-1234-5678

Science 과학

⭐ 그림을 보며 단어를 익힌 후, 빈칸에 단어를 따라 써 보세요. 🎧08

rocket
로켓
rockets (복수형)

rocket

robot
로봇
robots (복수형)

robot

graph
그래프

graph

plant
식물
plants (복수형)

plant

vegetable
채소, 야채
vegetables (복수형)

vegetable

insect
곤충, 벌레
insects (복수형)

insect

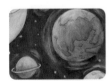

earth
지구

earth

air
공기, 대기

air

stone
돌

stone

fire
불

fire

그림을 보고, 빈칸에 알맞은 말을 써넣으세요.

1

in   s

I am interested in   s.

나는 로켓에 관심이 있어요.

2

in   s

I am interested in   s.

나는 로봇에 관심이 있어요.

3

the pie

Look at the pie   .

파이 그래프를 보세요.

4

protect   s

We must protect   s.

우리는 식물들을 보호해야 해요.

5

like   s

I like   s.

나는 채소를 좋아해요.

6

like   s

I don't like   s.

나는 곤충들을 좋아하지 않아요.

7

The

The   is very beautiful.

지구는 매우 아름다워요.

8

without

We can't live without   .

우리는 공기 없이 살 수 없어요.

9

lift the

I lift the   .

나는 돌을 들어요.

10

without

We can't live without   .

우리는 불 없이 살 수 없어요.

B 그림을 보고, 알파벳을 연결하여 낱말을 완성한 후 빈칸에 써넣으세요.

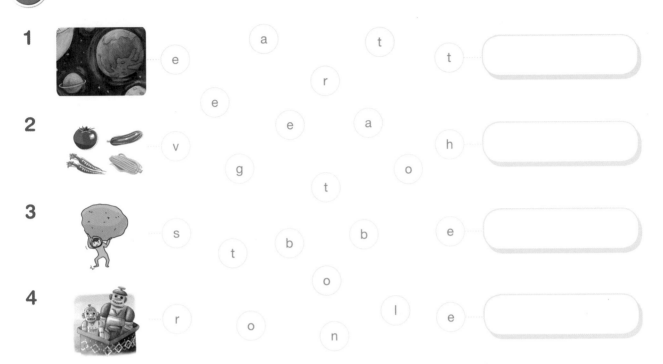

1

2

3

4

C 그림에 알맞은 낱말을 퍼즐에서 찾아 ○표 하고, 해당하는 그림과 연결하세요.

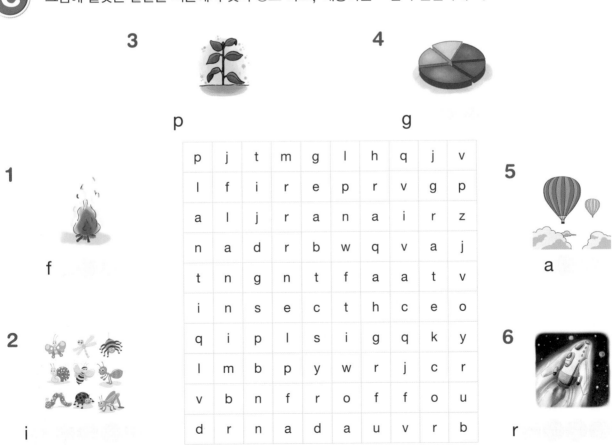

3

p

4

g

1

f

2

i

5

a

6

r

p	j	t	m	g	l	h	q	j	v
l	f	i	r	e	p	r	v	g	p
a	l	j	r	a	n	a	i	r	z
n	a	d	r	b	w	q	v	a	j
t	n	g	n	t	f	a	a	t	v
i	n	s	e	c	t	h	c	e	o
q	i	p	l	s	i	g	q	k	y
l	m	b	p	y	w	r	j	c	r
v	b	n	f	r	o	f	f	o	u
d	r	n	a	d	a	u	v	r	b

D 문장을 읽고, 알맞은 단어에 ◯표 하세요.

1 This (air / graph) shows many things.
이 그래프는 많은 것들을 보여줘요.

2 He enjoys the fresh morning (air / fire).
그는 신선한 아침 공기를 누려요.

3 Many (insects / rockets) live in the forest.
많은 곤충들이 숲에 살아요.

4 The (robot / plant) is on the chair.
로봇이 의자 위에 있어요.

5 Children are afraid of (insect / fire).
아이들은 불을 무서워해요.

6 The boy is watering the (plant / insect).
소년은 식물에 물을 주고 있어요.

7 The girl likes fresh (robots / vegetables).
소녀는 신선한 야채를 좋아해요.

8 People believe the (stone / earth) is round.
사람들은 지구가 둥글다고 믿어요.

9 I picked up a (graph / stone) from the riverside.
나는 강가에서 돌을 주웠어요.

10 Scientists invented a new (earth / rocket).
과학자들은 새로운 로켓을 발명했어요.

E 주어진 단어를 활용해 문장을 완성해 보세요.

I want to make a _____ in the future.
나는 미래에 로봇을 만들고 싶어요.

Potatoes are my favorite _____.
내가 가장 좋아하는 야채는 감자예요.

A small _____ is sitting on the flower.
작은 곤충이 꽃 위에 앉아 있어요.

_____ is important to people.
공기는 사람에게 중요해요.

I can light a _____.
나는 불을 붙일 수 있어요.

Science
• rocket
• robot
• graph
• plant
• vegetable
• insect
• earth
• air
• stone
• fire

DAY 09 Art 미술

⭐ 그림을 보며 단어를 익힌 후, 빈칸에 단어를 따라 써 보세요. 🎧09

color
색, 색깔

color

brush
붓

brush

line
선, 줄

line

circle
동그라미, 원

circle

triangle
삼각형

triangle

square
정사각형, 사각

square

draw
～을 그리다

draw

paint
색칠하다, 페인트칠하다

paint

make
～을 만들다

make

cut
～을 자르다

cut

A 그림을 보고, 빈칸에 알맞은 말을 써넣으세요.

1

_____ favorite

What is your favorite _____?

당신이 가장 좋아하는 색은 무엇인가요?

2

with a _____

I paint with a _____.

나는 붓으로 그림을 그려요.

3

draw a _____

I draw a _____.

나는 선을 그어요.

4

draw a _____

I draw a _____.

나는 동그라미를 그려요.

5

draw a _____

I draw a _____.

나는 삼각형을 그려요.

6

draw a _____

I draw a _____.

나는 정사각형을 그려요.

7

_____ a picture

I _____ a picture.

나는 그림을 그려요.

8

_____ the wall

I _____ the wall.

나는 벽에 페인트칠을 해요.

9

_____ a card

I _____ a card.

나는 카드를 만들어요.

10

_____ the paper

I _____ the paper.

나는 종이를 잘라요.

B 그림에 해당하는 낱말을 바르게 쓰고, ◯안에 알맞은 알파벳을 쓰세요.

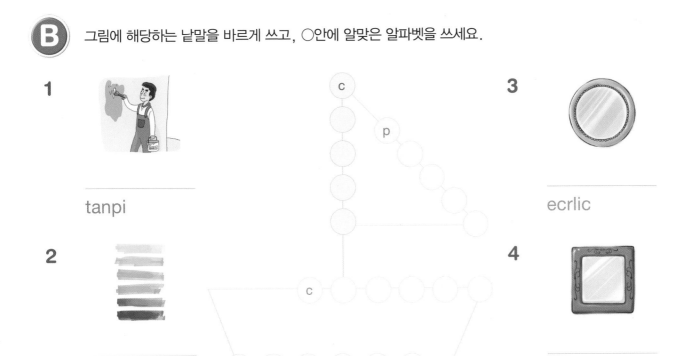

1 tanpi

2 oolrc

3 ecrlic

4 rqaeus

C 그림에 알맞은 낱말을 퍼즐에서 찾아 ◯표 하고, 해당하는 그림과 연결하세요.

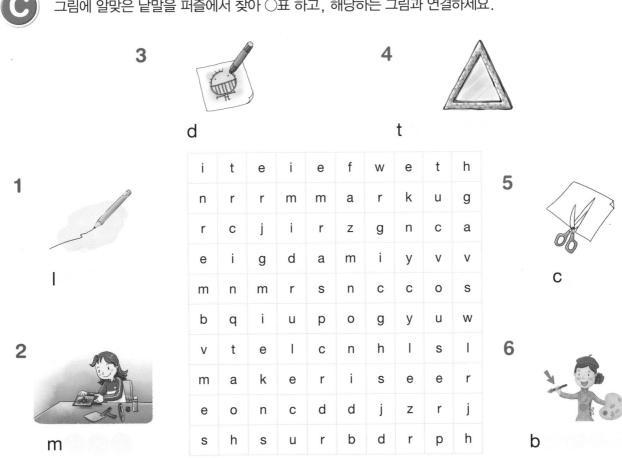

3 d

4 t

i	t	e	i	e	f	w	e	t	h
n	r	r	m	m	a	r	k	u	g
r	c	j	i	r	z	g	n	c	a
e	i	g	d	a	m	i	y	v	v
m	n	m	r	s	n	c	c	o	s
b	q	i	u	p	o	g	y	u	w
v	t	e	l	c	n	h	l	s	l
m	a	k	e	r	i	s	e	e	r
e	o	n	c	d	d	j	z	r	j
s	h	s	u	r	b	d	r	p	h

1 l

2 m

5 c

6 b

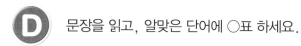

D 문장을 읽고, 알맞은 단어에 ○표 하세요.

1 This is a little (triangle / cut).

이것은 작은 삼각형이에요.

2 That is a big (make / square).

저것은 큰 사각형이에요.

3 I want to (brush / paint) this picture.

나는 이 그림을 색칠하고 싶어요.

4 His favorite (color / circle) is green.

그가 가장 좋아하는 색깔은 녹색이에요.

5 She (draws / makes) a ship in art class.

그녀는 미술 시간에 배를 만들어요.

6 The girl borrowed a (draw / brush).

소녀는 붓 하나를 빌렸어요.

7 My brother always (draws / cuts) cartoons.

내 남동생은 언제나 만화를 그려요.

8 His sister can (cut / color) the paper.

그의 여동생은 종이를 자를 수 있어요.

9 The child is drawing a (make / circle) with a stick.

아이는 막대기로 원을 그리고 있어요.

10 The boy is drawing a (line / square) on the notebook.

소년이 공책에 선을 긋고 있어요.

 E 주어진 단어를 활용해 문장을 완성해 보세요.

My favorite _____ is yellow.

내가 가장 좋아하는 색깔은 노란색이에요.

This is a thick _____.

이것은 두꺼운 선이에요.

I am drawing a _____.

나는 삼각형을 그리고 있어요.

I can _____ a pretty box.

나는 예쁜 상자를 만들 수 있어요.

I can _____ the paper in half.

나는 종이를 반으로 자를 수 있어요.

Art

• color
• brush
• line
• circle
• triangle
• square
• draw
• paint
• make
• cut

Music 음악

듣고 따라하는
원어민 발음

⭐ 그림을 보며 단어를 익힌 후, 빈칸에 단어를 따라 써 보세요. 🎧10

piano
피아노

piano

guitar
기타

guitar

drum
드럼

drum

violin
바이올린

violin

cello
첼로

cello

flute
플루트

flute

trumpet
트럼펫

trumpet

play
연주하다

play

sing
노래하다

sing

listen
~을 듣다

listen

A 그림을 보고, 빈칸에 알맞은 말을 써넣으세요.

1

play the _____

I play the _____ .

나는 피아노를 연주해요.

2

play the _____

I play the _____ .

나는 기타를 연주해요.

3

play the _____ s

I play the _____ s.

나는 드럼을 연주해요.

4

play the _____

I play the _____ .

나는 바이올린을 연주해요.

5

play the _____

I play the _____ .

나는 첼로를 연주해요.

6

play the _____

I play the _____ .

나는 플루트를 연주해요.

7

play the _____

I play the _____ .

나는 트럼펫을 연주해요.

8

_____ the piano

I _____ the piano well.

나는 피아노를 잘 쳐요.

9

_____ together

Let's _____ together.

함께 노래 부르자.

10

_____ to music

I _____ to music.

나는 음악을 들어요.

B 그림을 보고, 알파벳을 연결하여 낱말을 완성한 후 빈칸에 써넣으세요.

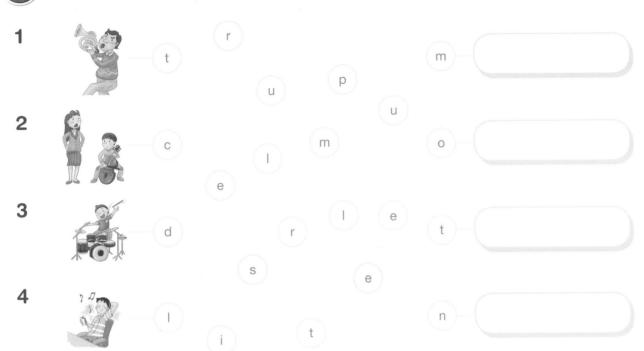

1 t r m

   u p

      u

2 c m o

   l

   e

3 d l e t

   r

   s e

4 l t n

   i

C 그림에 알맞은 낱말을 퍼즐에서 찾아 ○표 하고, 해당하는 그림과 연결하세요.

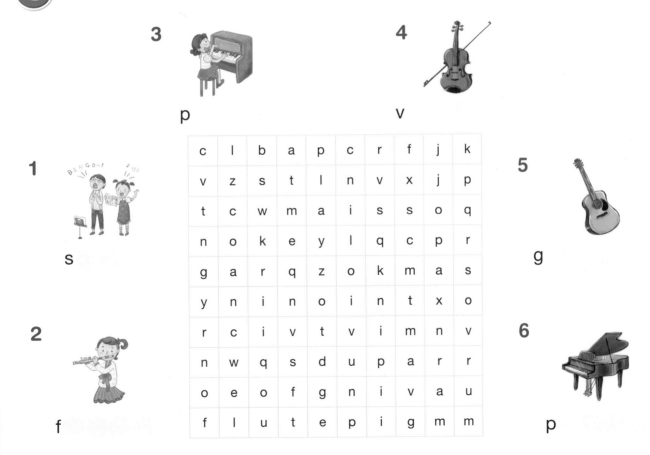

3 p

4 v

1 s

c	l	b	a	p	c	r	f	j	k
v	z	s	t	l	n	v	x	j	p
t	c	w	m	a	i	s	s	o	q
n	o	k	e	y	l	q	c	p	r
g	a	r	q	z	o	k	m	a	s
y	n	i	n	o	i	n	t	x	o
r	c	i	v	t	v	i	m	n	v
n	w	q	s	d	u	p	a	r	r
o	e	o	f	g	n	i	v	a	u
f	l	u	t	e	p	i	g	m	m

5 g

2 f

6 p

D 문장을 읽고, 알맞은 단어에 ○표 하세요.

1   I can (play / sing) the violin.   나는 바이올린을 연주할 수 있어요.

2   The girl's (violin / cello) looks old.   소녀의 바이올린은 오래돼 보여요.

3   That (piano / cello) is expensive.   저 첼로는 가격이 비싸요.

4   He is learning to play the (drum / flute).   그는 플루트를 배우는 중이에요.

5   The boy is playing the (trumpet / drum).   소년이 드럼을 연주하고 있어요.

6   There is a big (piano / drum) in my house.   우리 집에는 큰 피아노가 있어요.

7   My father plays the (cello / guitar) very well.   우리 아빠는 기타를 매우 잘 쳐요.

8   She heard the sound of the (guitar / trumpet).   그녀는 트럼펫 소리를 들었어요.

9   The boy can (listen / sing) and dance for her.   소년은 그녀를 위해 노래를 부르고 춤도 출 수 있어요.

10 The girl (listens / plays) to music when she reads a book.   소녀는 책을 읽을 때 음악을 들어요.

E 주어진 단어를 활용해 문장을 완성해 보세요.

I can play the _____.
나는 피아노를 연주할 수 있어요.

I want to learn the _____.
나는 바이올린을 배우고 싶어요.

Playing the _____ is difficult.
플루트를 연주하는 것은 어려워요.

I can't _____ well.
나는 노래를 잘 못해요.

I _____ to music every night.
나는 매일 밤 음악을 들어요.

Music

• piano
• guitar
• drum
• violin
• cello
• flute
• trumpet
• play
• sing
• listen

DAY 11 Hobby 취미

듣고 따라하는
원어민 발음

⭐ 그림을 보며 단어를 익힌 후, 빈칸에 단어를 따라 써 보세요. 🎧11

favorite
가장 좋아하는

favorite

hobby
취미

hobby

cooking
요리

cooking

movie
영화

movie

dance
춤, 춤추다

dance

camera
사진기, 카메라

camera

kite
연

kite

badminton
배드민턴

badminton

jogging
조깅, 달리기

jogging

travel
여행, 여행하다

travel

49

A 그림을 보고, 빈칸에 알맞은 말을 써넣으세요.

1

my   doll

This is my   doll.

이것은 내가 가장 좋아하는 인형이에요.

2

your

What is your   ?

당신의 취미는 무엇인가요?

3

is good at

She is good at   .

그녀는 요리를 잘해요.

4

watch a

We watch a   .

우리는 영화를 봐요.

5

together

Let's   together.

함께 춤추자.

6

buy a

I buy a   .

나는 사진기를 사요.

7

fly a

I fly a   .

나는 연을 날려요.

8

play

We play   .

우리는 배드민턴을 쳐요.

9

go   every day

I go   every day.

나는 매일 조깅하러 가요.

10

the world

I   the world.

나는 여행을 해요.

B 그림에 해당하는 낱말을 바르게 쓰고, ○안에 알맞은 알파벳을 쓰세요.

1

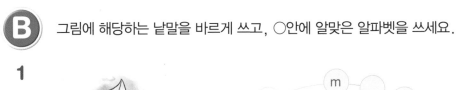

eitk

2

naedc

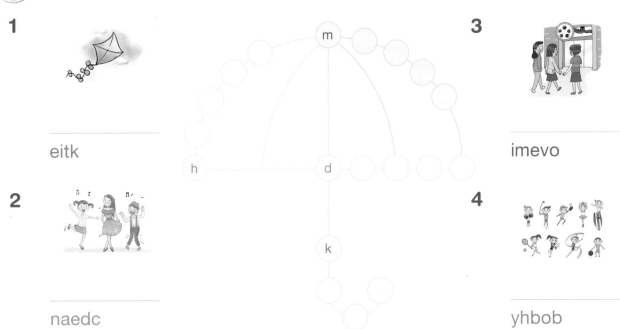

3

imevo

4

yhbob

C 그림에 알맞은 낱말을 퍼즐에서 찾아 ○표 하고, 해당하는 그림과 연결하세요.

3

b

4

f

1

c

2

j

c	b	a	d	m	i	n	t	o	n
x	o	e	k	m	b	l	c	m	g
j	q	o	g	u	e	w	f	c	n
o	g	d	k	v	c	u	a	z	i
g	q	e	a	e	n	m	v	h	k
g	d	r	e	z	e	j	o	q	o
i	t	l	u	r	c	k	r	b	o
n	w	t	a	a	e	p	i	z	c
g	l	m	h	t	a	m	t	s	o
k	d	v	p	x	u	i	e	g	c

5

c

6

t

1   They are playing (badminton / movie).   그들은 배드민턴을 치고 있어요.

2   I have a new (cooking / camera).   나는 새 카메라가 있어요.

3   I enjoy (cooking / jogging).   나는 요리를 즐겨요.

4   My (hobby / camera) is painting.   내 취미는 그림 그리기예요.

5   He can (dance / travel) very well.   그는 춤을 매우 잘 출 수 있어요.

6   My father goes (favorite / jogging) every morning.   우리 아버지는 매일 아침 조깅을 해요.

7   My family often (travel / dance) to China.   우리 가족은 자주 중국으로 가요.

8   I watch a lot of (movies / kites).   나는 많은 영화를 봐요.

9   He is making a (badminton / kite).   그는 연을 만들고 있어요.

10   Pizza is my (favorite / hobby) food.   피자는 내가 제일 좋아하는 음식이에요.

E 주어진 단어를 활용해 문장을 완성해 보세요.

My favorite sport is _____.
내가 가장 좋아하는 운동은 배드민턴이에요.

My hobby is _____.
내 취미는 요리예요.

I usually watch _____ on weekends.
나는 주말마다 주로 영화를 봐요.

I _____ a lot during vacation.
나는 방학에 여행을 많이 해요.

_____ is good for my health.
조깅은 내 건강에 좋아요.

Hobby

- favorite
- hobby
- cooking
- movie
- dance
- camera
- kite
- badminton
- jogging
- travel

52

DAY 12 Meal 식사

듣고 따라하는
원어민 발음

⭐ 그림을 보며 단어를 익힌 후, 빈칸에 단어를 따라 써 보세요. 🎧12

breakfast
아침 식사

 breakfast

lunch
점심 식사

lunch

dinner
저녁 식사

 dinner

egg
달걀, 알
eggs (복수형)

egg

salad
샐러드

salad

delicious
맛있는

delicious

sweet
달콤한

 sweet

bitter
쓴

bitter

eat
~을 먹다

 eat

drink
~을 마시다

drink

53

1

have

Let's have _____.

아침을 먹자.

2

have

Let's have _____.

점심을 먹자.

3

have

Let's have _____.

저녁을 먹자.

4

like _____ s

I like _____ s.

나는 달걀을 좋아해요.

5

like _____

I like _____.

나는 샐러드를 좋아해요.

6

very _____

This is very _____.

이것은 매우 맛있어요.

7

_____ cake

I like _____ cake.

나는 달콤한 케이크를 좋아해요.

8

very _____

This is very _____.

이것은 매우 써요.

9

bread

I _____ bread.

나는 빵을 먹어요.

10

_____ milk

Would you like to _____ milk?

우유를 좀 마실래요?

54

B 그림을 보고, 알파벳을 연결하여 낱말을 완성한 후 빈칸에 써넣으세요.

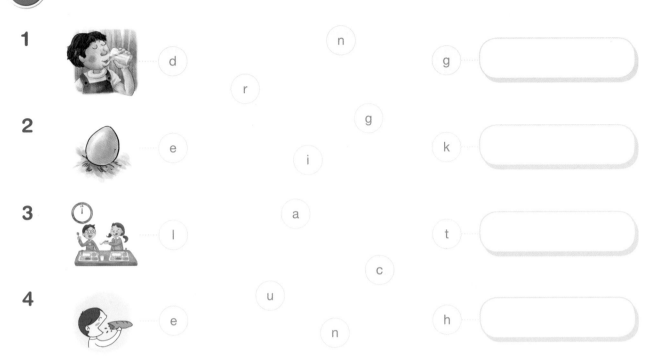

1

2

3

4

C 그림에 알맞은 낱말을 퍼즐에서 찾아 ○표 하고, 해당하는 그림과 연결하세요.

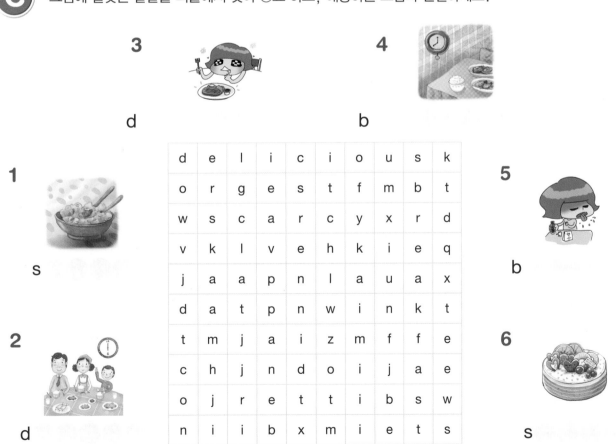

3   d

4   b

1   s

2   d

d	e	l	i	c	i	o	u	s	k
o	r	g	e	s	t	f	m	b	t
w	s	c	a	r	c	y	x	r	d
v	k	l	v	e	h	k	i	e	q
j	a	a	p	n	l	a	u	a	x
d	a	t	p	n	w	i	n	k	t
t	m	j	a	i	z	m	f	f	e
c	h	j	n	d	o	i	j	a	e
o	j	r	e	t	t	i	b	s	w
n	i	i	b	x	m	i	e	t	s

5   b

6   s

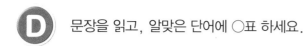

D 문장을 읽고, 알맞은 단어에 ○표 하세요.

1 These chocolates are very (sweet / bitter).　　　　　이 초콜릿은 매우 달콤해요.

2 I ate some (egg / salad) for breakfast.　　　　　나는 아침으로 샐러드를 좀 먹었어요.

3 The steak was (delicious / sweet).　　　　　그 스테이크는 맛이 있었어요.

4 We had (breakfast / dinner) together.　　　　　우리는 함께 저녁을 먹었어요.

5 I didn't eat (dinner / lunch) today.　　　　　나는 오늘 점심을 먹지 않았어요.

6 I need some ham and (eggs / salad).　　　　　나는 햄과 달걀이 조금 필요해요.

7 I have (breakfast / lunch) every morning.　　　　　나는 매일 아침 아침밥을 먹어요.

8 Would you (eat / drink) some juice?　　　　　주스 좀 마시겠어요?

9 The soup tastes (bitter / delicious).　　　　　그 수프는 맛이 써요.

10 Let's (drink / eat) some snacks.　　　　　간식을 먹자.

 주어진 단어를 활용해 문장을 완성해 보세요.

Candies usually taste _____.
사탕은 어떤 맛이 나나요?

Breakfast was _____.
오늘 아침 식사는 맛이 어땠나요?

I _____ some water.
우리는 목이 마를 때 어떻게 하나요?

I _____ some food.
우리는 배가 고플 때 어떻게 하나요?

I use _____ for sandwiches.
샌드위치에 들어가는 음식에는 무엇이 있나요?

Meal
- breakfast
- lunch
- dinner
- egg
- salad
- delicious
- sweet
- bitter
- eat
- drink

Things 물건

듣고 따라하는
원어민 발음

⭐ 그림을 보며 단어를 익힌 후, 빈칸에 단어를 따라 써 보세요. 🎧13

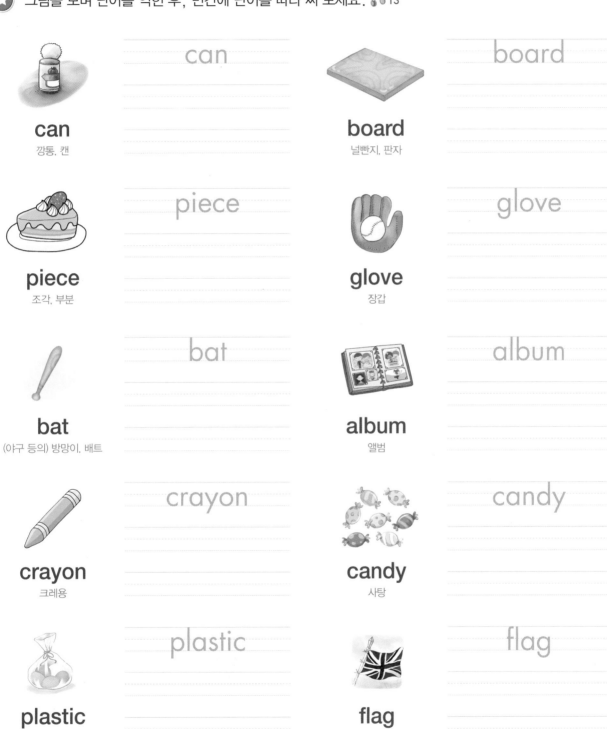

can
깡통, 캔

can

board
널빤지, 판자

board

piece
조각, 부분

piece

glove
장갑

glove

bat
(야구 등의) 방망이, 배트

bat

album
앨범

album

crayon
크레용

crayon

candy
사탕

candy

plastic
플라스틱, 비닐의

plastic

flag
깃발

flag

57

A 그림을 보고, 빈칸에 알맞은 말을 써넣으세요.

1

give me the

Can you give me the   ?

나에게 그 깡통을 줄래요?

2

give me the

Can you give me the   ?

나에게 그 널빤지를 줄래요?

3

a   of cake

I eat a   of cake.

나는 케이크 한 조각을 먹어요.

4

a baseball

We need a baseball   .

우리는 야구 장갑이 필요해요.

5

a baseball

We need a baseball   .

우리는 야구 방망이가 필요해요.

6

a photo

I will buy a photo   .

나는 사진첩을 살 거예요.

7

with   s

I draw a picture with   s.

나는 크레용으로 그림을 그려요.

8

like

I like   .

나는 사탕을 좋아해요.

9

bags

I don't use   bags.

나는 비닐봉지를 사용하지 않아요.

10

carry the

I carry the   .

나는 깃발을 들고 가요.

B 그림에 해당하는 낱말을 바르게 쓰고, ○안에 알맞은 알파벳을 쓰세요.

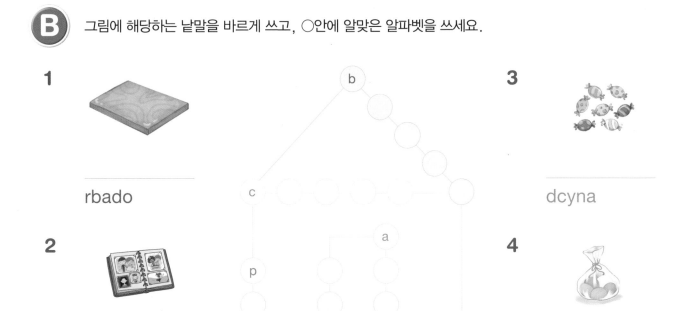

1

rbado

2

mbalu

3

dcyna

4

scpailt

C 그림에 알맞은 낱말을 퍼즐에서 찾아 ○표 하고, 해당하는 그림과 연결하세요.

3

g

4

p

1

f

2

c

y	e	c	i	c	f	q	e	g	k
y	v	q	c	l	r	c	v	g	h
l	o	v	a	c	e	a	g	j	y
k	l	g	t	i	y	m	y	j	g
m	g	z	p	b	a	t	v	o	i
e	m	o	x	q	t	h	x	j	n
b	h	l	t	u	r	w	v	z	c
s	u	q	w	u	f	n	g	r	i
q	n	a	c	g	e	r	l	p	h
w	q	m	n	w	t	d	v	i	k

5

c

6

b

D 문장을 읽고, 알맞은 단어에 ○표 하세요.

1 He gave me a (board / candy).   그는 나에게 사탕 하나를 주었어요.

2 I ate a (bat / piece) of pizza.   나는 피자 한 조각을 먹었어요.

3 Wear a pair of (gloves / pieces).   장갑 한 켤레를 착용하도록 하세요.

4 I hit the ball with the (bat / glove).   나는 배트로 공을 쳤어요.

5 He showed me his (plastic / album).   그는 나에게 그의 앨범을 보여 주었어요.

6 I am drawing my mother with a (can / crayon).   나는 크레용으로 우리 어머니를 그리고 있어요.

7 The toy is made of (plastic / flag).   그 장난감은 플라스틱으로 되어 있어요.

8 I put a glass on the (board / album).   나는 판자에 잔을 올려놓았어요.

9 She has a (crayon / can) of cola.   그녀는 콜라 한 캔을 가지고 있어요.

10 They are waving (candies / flags).   그들은 깃발을 흔들고 있어요.

E 주어진 단어를 활용해 문장을 완성해 보세요.

I catch a ball with a _____.
야구에서 공은 무엇으로 잡나요?

I put photos in an _____.
우리는 사진을 어디에 보관하나요?

I draw pictures with _____.
우리는 그림을 무엇으로 그리나요?

I often eat _____.
우리는 간식으로 무엇을 자주 먹나요?

A _____ is on the pole.
학교에 등교할 때 보이는 깃대에는 무엇이 달려 있나요?

Things
• can
• board
• piece
• glove
• bat
• album
• crayon
• candy
• plastic
• flag

Flowers 꽃

듣고 따라하는
원어민 발음

⭐ 그림을 보며 단어를 익힌 후, 빈칸에 단어를 따라 써 보세요. 🎧14

DAY 14

root
뿌리

root

seed
씨앗

seed

stem
(식물의) 줄기

stem

leaf
나뭇잎
leaves (복수형)

leaf

flower
꽃
flowers (복수형)

flower

sunflower
해바라기
sunflowers (복수형)

sunflower

rose
장미
roses (복수형)

rose

tulip
튤립
tulips (복수형)

tulip

lily
백합
lilies (복수형)

lily

grow
기르다, 자라다

grow

A 그림을 보고, 빈칸에 알맞은 말을 써넣으세요.

1

has　　　　　s

The tree has　　　　　s.

나무는 뿌리가 있어요.

2

flower　　　　　s

These are flower　　　　　s.

이것들은 꽃씨예요.

3

on the

There is a bug on the　　　　　.

줄기 위에 벌레가 있어요.

4

some　　　　　es

There are some　　　　　es.

나뭇잎이 몇 장 있어요.

5

grow　　　　　s

I grow　　　　　s.

나는 꽃을 길러요.

6

grow　　　　　s

I grow　　　　　s.

나는 해바라기를 길러요.

7

grow　　　　　s

I grow　　　　　s.

나는 장미를 길러요.

8

grow　　　　　s

I grow　　　　　s.

나는 튤립을 길러요.

9

grow　　　　　es

I grow　　　　　es.

나는 백합을 길러요.

10

tomatoes

I　　　　　tomatoes.

나는 토마토를 길러요.

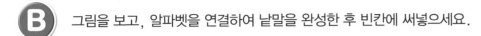

B 그림을 보고, 알파벳을 연결하여 낱말을 완성한 후 빈칸에 써넣으세요.

1 f   w   r

2 l   l   o   e   m

3 s   i   e   l   y

4 g   t   o   w   r

C 그림에 알맞은 낱말을 퍼즐에서 찾아 ○표 하고, 해당하는 그림과 연결하세요.

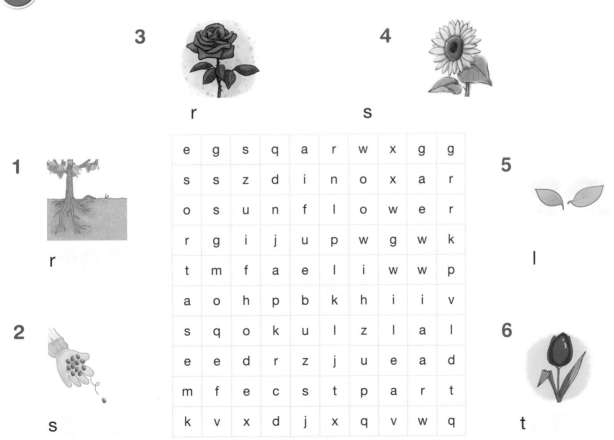

3   r

4   s

e	g	s	q	a	r	w	x	g	g
s	s	z	d	i	n	o	x	a	r
o	s	u	n	f	l	o	w	e	r
r	g	i	j	u	p	w	g	w	k
t	m	f	a	e	l	i	w	w	p
a	o	h	p	b	k	h	i	i	v
s	q	o	k	u	l	z	l	a	l
e	e	d	r	z	j	u	e	a	d
m	f	e	c	s	t	p	a	r	t
k	v	x	d	j	x	q	v	w	q

1 r

2 s

5 l

6 t

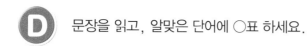

D 문장을 읽고, 알맞은 단어에 ○표 하세요.

1 (Tulips / stems) are my favorite flower.   튤립은 내가 가장 좋아하는 꽃이에요.

2 A butterfly is having honey from a (flower / leaf).   한 마리의 나비가 꽃에서 꿀을 먹고 있어요.

3 Those trees have deep (flowers / roots).   저 나무들은 뿌리가 깊어요.

4 The (sunflower / seed) grows into a young plant.   씨는 어린 식물로 자라요.

5 There are lots of (roses / tulips) in my garden.   우리 정원에는 장미가 많이 있어요.

6 (Roses / Lilies) are white.   백합은 하얀색이에요.

7 I will (grow / lily) flowers in my garden.   나는 정원에 꽃을 기를 거예요.

8 Hold the flower by the (grow / stem).   꽃의 줄기를 잡아요.

9 This is a maple (leaf / seed).   이것은 단풍잎이에요.

10 We can eat (sunflower / root) seeds.   우리는 해바라기 씨를 먹을 수 있어요.

E 주어진 단어를 활용해 문장을 완성해 보세요.

I plant _____ in soil.
식물을 키우기 위해 맨 처음 하는 일은 무엇인가요?

Plants have _____ under the ground.
식물의 가장 아래쪽에 무엇이 있나요?

_____ are very tall.
키가 큰 꽃은 무엇이 있나요?

I like _____ most.
가장 좋아하는 꽃은 무엇인가요?

I can _____ many plants in the garden.
우리는 정원에서 무엇을 할 수 있나요?

Flowers

• root
• seed
• stem
• leaf
• flower
• sunflower
• rose
• tulip
• lily
• grow

64

DAY 15

Zoo 동물원

듣고 따라하는
원어민 발음

DAY 15

⭐ 그림을 보며 단어를 익힌 후, 빈칸에 단어를 따라 써 보세요. 🎧15

giraffe
기린
giraffes (복수형)

giraffe

cheetah
치타
cheetahs (복수형)

cheetah

deer
사슴
deer (복수형)

deer

panda
판다
pandas (복수형)

panda

ostrich

ostrich
타조
ostriches (복수형)

kangaroo
캥거루
kangaroos (복수형)

kangaroo

iguana
이구아나
iguanas (복수형)

iguana

camel
낙타
camels (복수형)

camel

owl
올빼미, 부엉이
owls (복수형)

owl

penguin
펭귄
penguins (복수형)

penguin

65

A 그림을 보고, 빈칸에 알맞은 말을 써넣으세요.

1

_____ that _____

Look at that _____!

저 기린을 봐!

2

_____ that _____

Look at that _____!

저 캥거루를 봐!

3

_____ that _____

Look at that _____!

저 치타를 봐!

4

_____ that _____

Look at that _____!

저 이구아나를 봐!

5

_____ that _____

Look at that _____!

저 사슴을 봐!

6

_____ those _____s

Look at those _____s!

저 낙타들을 봐!

7

_____ that _____

Look at that _____!

저 판다를 봐!

8

_____ that _____

Look at that _____!

저 올빼미를 봐!

9

_____ that _____

Look at that _____!

저 타조를 봐!

10

_____ that _____

Look at that _____!

저 펭귄을 봐!

그림에 해당하는 낱말을 바르게 쓰고, ○안에 알맞은 알파벳을 쓰세요.

1

gaaniu

2

oragoakn

3

apnad

4

lacem

 그림에 알맞은 낱말을 퍼즐에서 찾아 ○표 하고, 해당하는 그림과 연결하세요.

3

g

4

c

1

o

5

d

2

p

6

o

t	y	e	d	z	r	t	x	k	e
o	a	g	f	l	s	p	k	h	b
w	w	o	k	f	j	n	c	v	r
l	t	a	o	o	a	c	t	a	e
n	e	n	y	s	h	r	o	p	e
y	q	a	m	e	t	o	i	k	d
n	x	u	e	m	j	r	b	g	h
n	j	t	y	a	q	u	i	l	e
u	a	n	p	c	c	w	u	c	b
h	n	i	u	g	n	e	p	e	h

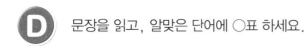

D 문장을 읽고, 알맞은 단어에 ○표 하세요.

1 (Kangaroos / Camels) have large humps.

낙타는 커다란 혹이 있어요.

2 The (panda / giraffe) is my favorite animal.

판다는 내가 제일 좋아하는 동물이에요.

3 (Cheetahs / Owls) have big eyes.

부엉이는 눈이 커요.

4 Some (penguins / owls) live in Africa.

어떤 펭귄은 아프리카에 살아요.

5 I saw some (ostriches / iguanas) at the zoo.

나는 동물원에서 몇 마리의 타조를 봤어요.

6 (Kangaroos / Deer) have pouches.

캥거루는 주머니가 있어요.

7 (Camels / Cheetahs) are very fast.

치타는 매우 빨라요.

8 He keeps an (panda / iguana) as a pet.

그는 이구아나를 애완동물로 키워요.

9 Some (deer / ostriches) live in that forest.

몇 마리의 사슴이 저 숲에 살아요.

10 (Giraffes / Penguins) eat leaves.

기린은 나뭇잎을 먹어요.

E 주어진 단어를 활용해 문장을 완성해 보세요.

I like _____ most.

가장 좋아하는 동물은 무엇인가요?

I want to see a(n) _____ at the zoo.

동물원에서 보고 싶은 동물은 무엇인가요?

I want to keep a(n) _____ as a pet.

애완동물로 키우고 싶은 동물은 무엇인가요?

The _____ is used for travel.

말처럼 타고 다닐 수 있는 동물에는 무엇이 있을까요?

The _____ cannot fly.

날개가 있지만 날지 못하는 새는 무엇이 있을까요?

Zoo

• giraffe
• kangaroo
• cheetah
• iguana
• deer
• camel
• panda
• owl
• ostrich
• penguin

Sea animals 바다 동물

들고 따라하는
원어민 발음

⭐ 그림을 보며 단어를 익힌 후, 빈칸에 단어를 따라 써 보세요. 🎧16

whale
고래

whale

shark
상어

shark

dolphin
돌고래

dolphin

seal
물개, 바다표범

seal

squid
오징어

squid

octopus
문어

octopus

crab
게

crab

lobster
바닷가재

lobster

shrimp
새우

shrimp

starfish
불가사리

starfish

그림을 보고, 빈칸에 알맞은 말을 써넣으세요.

1

see a _____

I want to see a _____.

나는 고래를 보고 싶어요.

2

see a _____

I want to see a _____.

나는 상어를 보고 싶어요.

3

see a _____

I want to see a _____.

나는 돌고래를 보고 싶어요.

4

see a _____

I want to see a _____.

나는 물개를 보고 싶어요.

5

see a _____

I want to see a _____.

나는 오징어를 보고 싶어요.

6

see an _____

I want to see an _____.

나는 문어를 보고 싶어요.

7

see a _____

I want to see a _____.

나는 게를 보고 싶어요.

8

see a _____

I want to see a _____.

나는 바닷가재를 보고 싶어요.

9

see a _____

I want to see a _____.

나는 새우를 보고 싶어요.

10

see a _____

I want to see a _____.

나는 불가사리를 보고 싶어요.

B 그림을 보고, 알파벳을 연결하여 낱말을 완성한 후 빈칸에 써넣으세요.

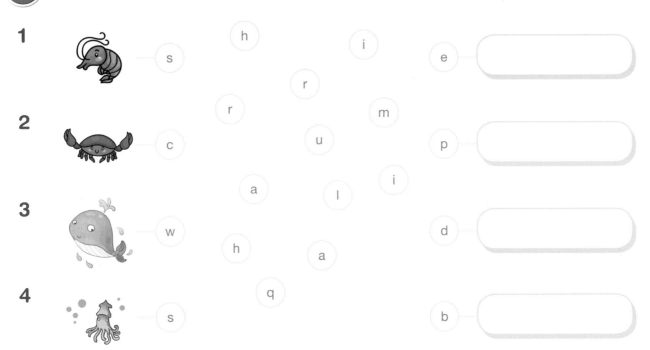

1 s · · ·   h   i   e

2 c   r   m   p

3 w   r   u   i

   a   l   d

   h   a

4 s   q   b

C 그림에 알맞은 낱말을 퍼즐에서 찾아 ○표 하고, 해당하는 그림과 연결하세요.

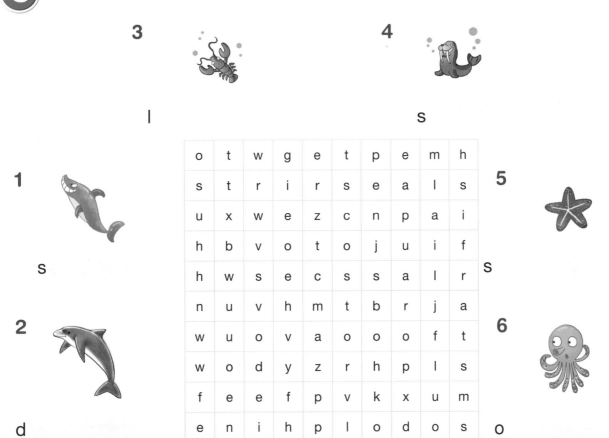

3 l   4 s

o	t	w	g	e	t	p	e	m	h
s	t	r	i	r	s	e	a	l	s
u	x	w	e	z	c	n	p	a	i
h	b	v	o	t	o	j	u	i	f
h	w	s	e	c	s	s	a	l	r
n	u	v	h	m	t	b	r	j	a
w	u	o	v	a	o	o	o	f	t
w	o	d	y	z	r	h	p	l	s
f	e	e	f	p	v	k	x	u	m
e	n	i	h	p	l	o	d	o	s

1 s

2 d

5 s

6 o

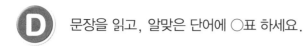

D 문장을 읽고, 알맞은 단어에 ○표 하세요.

1 (Seals / Dolphins) are lying on the beach.

물개가 해변에 누워 있어요.

2 I caught a big (shrimp / octopus).

나는 커다란 문어를 잡았어요.

3 A (lobster / octopus) has large claws.

바닷가재는 큰 집게를 가지고 있어요.

4 A (crab / whale) has a big hole on its head.

고래는 머리에 큰 구멍이 있어요.

5 I went to a (dolphin / squid) show.

나는 돌고래 쇼에 갔어요.

6 (Starfish / Whales) are sea animals.

불가사리는 바다 동물이에요.

7 Some (sharks / squids) are gigantic.

어떤 오징어들은 거대해요.

8 My favorite seafood is (shrimp / lobster).

내가 가장 좋아하는 해산물은 새우예요.

9 He made a (starfish / crab) dish.

그는 게 요리를 만들었어요.

10 I am afraid of (seals / sharks).

나는 상어가 무서워요.

 주어진 단어를 활용해 문장을 완성해 보세요.

_____ are very big.

몸집이 큰 바다 동물에는 무엇이 있을까요?

_____ are very dangerous.

위험한 바다 동물에는 무엇이 있을까요?

An _____ has 8 arms.

팔이 8개인 바다 동물에는 무엇이 있을까요?

_____ are very smart.

아이큐가 높은 바다 동물에는 무엇이 있을까요?

A _____ can change its body colors.

몸 색깔을 수시로 바꿀 수 있는 바다 동물에는 무엇이 있을까요?

Sea animals

- whale
- shark
- dolphin
- seal
- squid
- octopus
- crab
- lobster
- shrimp
- starfish

 **DAY 17** Insects 곤충

듣고 따라하는
원어민 발음

 그림을 보며 단어를 익힌 후, 빈칸에 단어를 따라 써 보세요. 🎧 17

butterfly

butterfly
나비
butterflies (복수형)

bee

bee
벌
bees (복수형)

dragonfly

dragonfly
잠자리
dragonflies (복수형)

beetle

beetle
딱정벌레
beetles (복수형)

ladybug

ladybug
무당벌레
ladybugs (복수형)

ant

ant
개미
ants (복수형)

grasshopper

grasshopper
메뚜기
grasshoppers (복수형)

fly

fly
파리
flies (복수형)

mosquito

mosquito
모기
mosquitos (복수형)

spider

spider
거미
spiders (복수형)

1

like s

I like s.

나는 나비들을 좋아해요.

2

like s

I don't like s.

나는 벌들을 좋아하지 않아요.

3

like s

I like s.

나는 잠자리들을 좋아해요.

4

like s

I don't like s.

나는 딱정벌레들을 좋아하지 않아요.

5

like s

I like s.

나는 무당벌레들을 좋아해요.

6

like s

I don't like s.

나는 개미들을 좋아하지 않아요.

7

like s

I like s.

나는 메뚜기들을 좋아해요.

8

like s

I don't like s.

나는 파리들을 좋아하지 않아요.

9

like s

I don't like s.

나는 모기들을 좋아하지 않아요.

10

like s

I don't like s.

나는 거미들을 좋아하지 않아요.

B 그림에 해당하는 낱말을 바르게 쓰고, ○안에 알맞은 알파벳을 쓰세요.

1

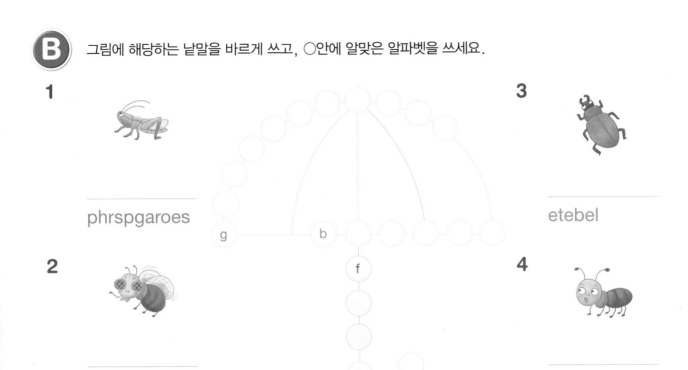

phrspgaroes

2

ylf

3

etebel

4

nat

C 그림에 알맞은 낱말을 퍼즐에서 찾아 ○표 하고, 해당하는 그림과 연결하세요.

3

d

4

m

1

s

2

l

d	b	l	m	f	d	t	r	o	v
r	s	p	i	d	e	r	t	w	y
a	i	h	u	e	a	i	e	g	l
g	e	b	s	s	u	l	e	g	f
o	u	e	k	q	h	e	t	x	r
n	e	b	s	q	b	a	h	v	e
f	e	o	y	m	f	x	l	k	t
l	m	r	e	d	y	c	l	e	t
y	y	h	y	n	a	l	w	z	u
n	y	l	t	r	m	l	t	l	b

5

b

6

b

D 문장을 읽고, 알맞은 단어에 ○표 하세요.

1 (Ladybugs / Bees) are very small.

무당벌레는 매우 작아요.

2 I caught a (dragonfly / grasshopper).

나는 메뚜기 한 마리를 잡았어요.

3 A (ant / butterfly) is sitting on my nose.

한 마리의 나비가 내 코에 앉아 있어요.

4 An (ladybug / ant) is carrying its food.

개미 한 마리가 먹이를 나르고 있어요.

5 A (mosquito / butterfly) flew in the room.

한 마리의 모기가 방에서 날아다녔어요.

6 He is afraid of (beetles / spiders).

그는 거미를 무서워해요.

7 Some (dragonflies / mosquitos) are flying in the garden.

정원에서 잠자리 몇 마리가 날아다녀요.

8 There is a (fly / spider) in my soup!

내 수프에 파리 한 마리가 있어요!

9 Some (grasshoppers / beetles) have big jaws.

어떤 딱정벌레는 턱이 커요.

10 We can get honey from (flies / bees).

우리는 꿀벌로부터 꿀을 얻을 수 있어요.

E 주어진 단어를 활용해 문장을 완성해 보세요.

A _____ can jump very far.

멀리 점프할 수 있는 곤충은 무엇이 있나요?

Some people keep _____ as pets.

곤충 중에서 애완용으로 키우는 것에는 무엇이 있나요?

I hate _____.

가장 싫어하는 곤충은 무엇인가요?

A _____ has beautiful wings.

화려한 날개를 가진 곤충에는 무엇이 있나요?

I like _____ most.

가장 좋아하는 곤충은 무엇인가요?

Insects

- butterfly
- bee
- dragonfly
- beetle
- ladybug
- ant
- grasshopper
- fly
- mosquito
- spider

76

Jobs 직업

듣고 따라하는
원어민 발음

⭐ 그림을 보며 단어를 익힌 후, 빈칸에 단어를 따라 써 보세요. 🎧18

president

president
대통령

astronaut

astronaut
우주비행사

singer

singer
가수

dancer

dancer
무용가

firefighter

firefighter
소방관

reporter

reporter
기자, 리포터

businessman

businessman
사업가

driver

driver
운전사

actor

actor
배우
actress 여배우

lawyer

lawyer
변호사

1

_____ of Korea

He is _____ of Korea.

그는 한국의 대통령이에요.

2

be an _____

I want to be an _____.

나는 우주비행사가 되고 싶어요.

3

a famous _____

She is a famous _____.

그녀는 유명한 가수예요.

4

a famous _____

She is a famous _____.

그녀는 유명한 무용가예요.

5

be a _____

I want to be a _____.

나는 소방관이 되고 싶어요.

6

be a _____

I want to be a _____.

나는 기자가 되고 싶어요.

7

be a _____

I want to be a _____.

나는 사업가가 되고 싶어요.

8

be a _____

I want to be a _____.

나는 운전사가 되고 싶어요.

9

a famous _____

He is a famous _____.

그는 유명한 배우예요.

10

a famous _____

He is a famous _____.

그는 유명한 변호사예요.

B 그림을 보고, 알파벳을 연결하여 낱말을 완성한 후 빈칸에 써넣으세요.

1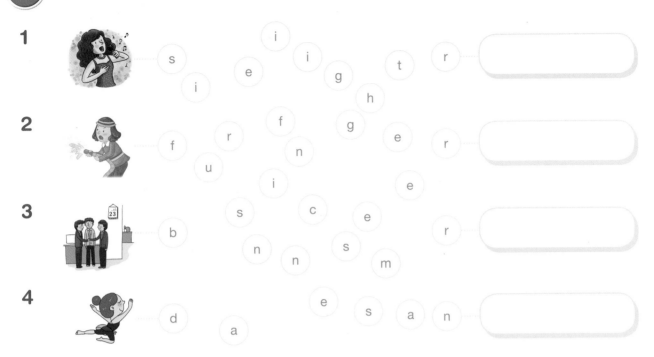

s · i · e · i · i · g · h · t · r

2 f · r · u · f · n · i · g · h · e · r · e

3 b · s · n · n · c · s · e · m · r

4 d · a · e · s · a · n

C 그림에 알맞은 낱말을 퍼즐에서 찾아 ○표 하고, 해당하는 그림과 연결하세요.

3

a

4

p

1

d

2

a

t	u	a	n	o	r	t	s	a	z
z	z	d	l	f	p	b	t	r	o
n	r	a	d	k	o	u	n	e	e
t	s	e	h	y	j	o	e	p	z
d	u	m	y	a	l	h	d	o	n
a	r	n	t	w	o	t	i	r	w
x	h	i	o	o	a	e	s	t	q
p	x	w	v	d	a	l	e	e	i
z	v	h	j	e	o	w	r	r	u
a	c	t	o	r	r	s	p	d	w

5

r

6

l

문장을 읽고, 알맞은 단어에 ◯표 하세요.

1   My uncle is a bus (driver / astronaut).

우리 삼촌은 버스 운전기사예요.

2   My mother is a (actor / reporter).

우리 어머니는 기자예요.

3   My brother wants to be a (firefighter / singer).

우리 형은 가수가 되고 싶어 해요.

4   He is a (dancer / driver).

그는 무용가예요.

5   She wants to be an (astronaut / businessman).

그녀는 우주비행사가 되고 싶어 해요.

6   My favorite (president / actor) is Tom Cruise.

내가 가장 좋아하는 배우는 톰 크루즈예요.

7   The (dancers / firefighters) saved a child.

소방관들이 한 아이를 구조했어요.

8   He is a (businessman / reporter).

그는 사업가예요.

9   He wants to be a (president / lawyer).

그는 대통령이 되고 싶어 해요.

10 She became a (singer / lawyer).

그녀는 변호사가 되었어요.

E 주어진 단어를 활용해 문장을 완성해 보세요.

I want to be a(n) _____.

장래 희망이 무엇인가요?

My best friend wants to be a(n) _____.

가장 친한 친구의 장래 희망은 무엇인가요?

_____ write news stories.

뉴스를 보도하는 사람들은 누구인가요?

My uncle is a(n) _____.

삼촌의 직업은 무엇인가요?

_____s' jobs can be dangerous.

가장 위험할 수 있는 직업은 무엇일까요?

Jobs

• president
• astronaut
• singer
• dancer
• firefighter
• reporter
• businessman
• driver
• actor
• lawyer

Time 시간

듣고 따라하는
원어민 발음

⭐ 그림을 보며 단어를 익힌 후, 빈칸에 단어를 따라 써 보세요. 🎧19

calendar
달력

calendar

date
날짜

date

second
초

second

minute
분

minute

hour
시간

hour

day
날, 하루, 낮

day

week
주

week

month
달, 월

month

season
계절

season

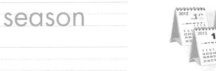

year
년

year

81

A 그림을 보고, 빈칸에 알맞은 말을 써넣으세요.

1

a _____ on the wall

There is a _____ on the wall.

벽 위에 달력이 있어요.

2

the _____

What is the _____ today?

오늘이 며칠인가요?

3

00:03:08

_____ s

My record is 3 minutes 8 _____ s.

내 기록은 3분 8초예요.

4

〈2시 10분〉 〈2시 20분〉

ten _____ s

See you in ten _____ s.

십 분 후에 봐요.

5

〈1시〉 〈2시〉

an _____ ago

I came home an _____ ago.

나는 한 시간 전에 집에 왔어요.

6

What _____

What _____ is it today?

오늘이 무슨 요일인가요?

7

three times a _____

I exercise three times a _____.

나는 일주일에 세 번 운동을 해요.

8

three _____ s

I lived here for three _____ s.

나는 세 달 동안 여기에 살았어요.

9

my favorite _____

Spring is my favorite _____.

봄은 내가 제일 좋아하는 계절이에요.

10

three _____ s

I lived here for three _____ s.

나는 삼 년 동안 여기에 살았어요.

B 그림에 해당하는 낱말을 바르게 쓰고, ○안에 알맞은 알파벳을 쓰세요.

1

00:03:08

_____

dcneos

2

<1시>   <2시>

_____

rohu

3

tmnho

4

reya

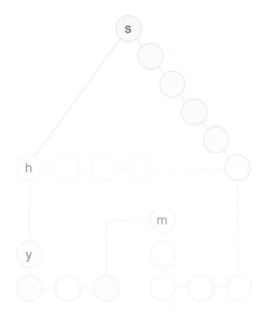

s

h

y

m

C 그림에 알맞은 낱말을 퍼즐에서 찾아 ○표 하고, 해당하는 그림과 연결하세요.

3

c

4

<12시 10분> <12시 20분>

m

1

Sunday	□ Exercise
Monday	☒ Exercise
Tuesday	□ Exercise
Wednesday	☒ Exercise
Thursday	□ Exercise
Friday	☒ Exercise
Saturday	☒ Exercise

w

2

d

j	w	v	y	h	d	c	z	r	s
k	m	i	n	u	t	e	l	d	c
a	b	j	p	x	r	e	h	a	m
d	k	z	n	u	h	y	l	y	c
y	i	t	g	f	v	e	m	n	m
k	j	x	e	z	n	d	e	u	l
m	e	t	i	d	s	t	j	l	s
q	a	e	a	n	o	s	a	e	s
d	w	r	w	i	c	d	u	p	m
r	e	j	p	s	k	g	v	u	i

5

d

6

s

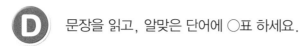

D 문장을 읽고, 알맞은 단어에 ◯표 하세요.

1   My favorite (season / month) is fall.
내가 가장 좋아하는 계절은 가을이에요.

2   The movie is 90 (seconds / minutes) long.
그 영화는 90분짜리예요.

3   There are seven (days / minutes) in a week.
1주일에는 7일이 있어요.

4   The (date / week) of the party is January 10th.
그 파티 날짜는 1월 10일이에요.

5   December is the last (month / hour) of the year.
12월은 1년의 마지막 달이에요.

6   I visited my grandparents last (day / week).
나는 지난주에 조부모님을 뵈었어요.

7   I waited for an (calendar / hour).
나는 한 시간 동안 기다렸어요.

8   My little brother was born a (season / year) ago.
내 남동생은 1년 전에 태어났어요.

9   I held my breath for 60 (years / seconds).
나는 60초 동안 숨을 참았어요.

10   There is a (calendar / date) on the table.
테이블 위에 달력이 있어요.

 주어진 단어를 활용해 문장을 완성해 보세요.

I sleep about 8 _____ a day.
나는 하루에 대략 여덟 시간을 자요.

I want to spend 7 _____ in Europe.
나는 유럽에서 일주일을 보내고 싶어요.

There are 60 _____ in a minute.
1분은 60초예요.

Summer is the hottest _____ in a year.
여름이 일 년 중 가장 더운 계절이에요.

The exam will be next _____.
나는 다음 달에 시험이 있어요.

Time
- calendar
- date
- second
- minute
- hour
- day
- week
- month
- season
- year

DAY 20

Week 주

듣고 따라하는
원어민 발음

⭐ 그림을 보며 단어를 익힌 후, 빈칸에 단어를 따라 써 보세요. 🎧20

✓			
SUN	MON	TUE	WED
	⚽		

Monday
월요일

Monday

✓			
MON	TUE	WED	THU
	⚽		

Tuesday
화요일

Tuesday

✓			
TUE	WED	THU	FRI
	⚽		

Wednesday
수요일

Wednesday

✓			
WED	THU	FRI	SAT
	⚽		

Thursday
목요일

Thursday

✓			
THU	FRI	SAT	SUN
	⚽		

Friday
금요일

Friday

✓			
FRI	SAT	SUN	MON
	⚽		

Saturday
토요일

Saturday

✓			
SAT	SUN	MON	TUE
	⚽		

Sunday
일요일

Sunday

THU	FRI	SAT	SUN
	오늘		🧤

weekend
주말

weekend

---

work
일하다

work

---

rest
휴식, 쉬다

rest

A 그림을 보고, 빈칸에 알맞은 말을 써넣으세요.

1

this

I will play soccer this   .

나는 이번 월요일에 축구를 할 거예요.

2

this

I will play soccer this   .

나는 이번 화요일에 축구를 할 거예요.

3

this

I will play soccer this   .

나는 이번 수요일에 축구를 할 거예요.

4

this

I will play soccer this   .

나는 이번 목요일에 축구를 할 거예요.

5

this

I will play soccer this   .

나는 이번 금요일에 축구를 할 거예요.

6

this

I will play soccer this   .

나는 이번 토요일에 축구를 할 거예요.

7

this

I will play soccer this   .

나는 이번 일요일에 축구를 할 거예요.

8

this

I will play baseball this   .

나는 이번 주말에 야구를 할 거예요.

9

for a bank

I   for a bank.

나는 은행에서 일해요.

10

take a

I take a   .

나는 휴식을 취해요.

B 그림을 보고, 알파벳을 연결하여 낱말을 완성한 후 빈칸에 써넣으세요.

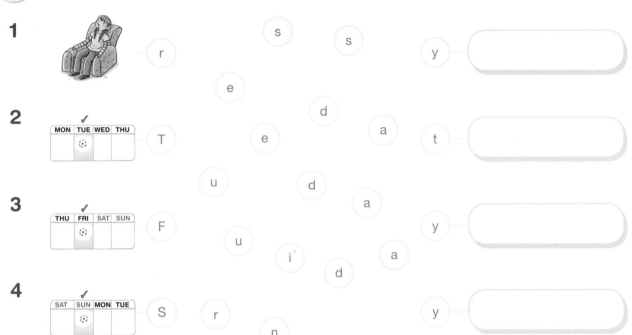

1

2

3

4

C 그림에 알맞은 낱말을 퍼즐에서 찾아 ○표 하고, 해당하는 그림과 연결하세요.

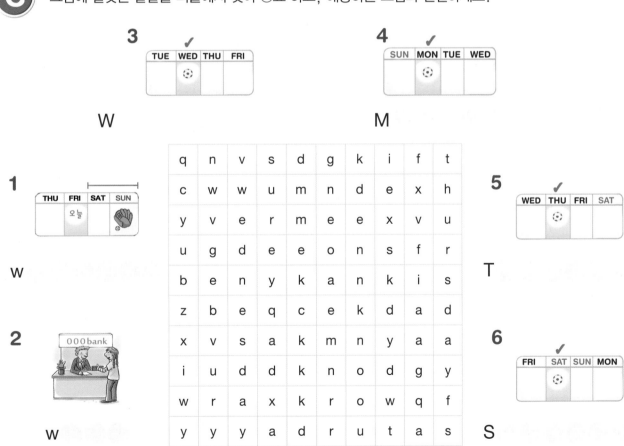

q	n	v	s	d	g	k	i	f	t
c	w	w	u	m	n	d	e	x	h
y	v	e	r	m	e	e	x	v	u
u	g	d	e	e	o	n	s	f	r
b	e	n	y	k	a	n	k	i	s
z	b	e	q	c	e	k	d	a	d
x	v	s	a	k	m	n	y	a	a
i	u	d	d	k	n	o	d	g	y
w	r	a	x	k	r	o	w	q	f
y	y	y	a	d	r	u	t	a	s

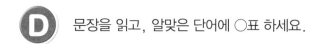

D 문장을 읽고, 알맞은 단어에 ○표 하세요.

1 My parents (work / rest) from Monday to Friday.   우리 부모님은 월요일부터 금요일까지 일하세요.

2 I have a music class on (Friday / Tuesday).   나는 화요일에 음악 수업이 있어요.

3 He watches TV on (Saturday / Sunday).   그는 일요일에 TV를 시청해요.

4 I circled the second (Monday / Tuesday) of May.   나는 5월 둘째 월요일에 동그라미 표시를 했어요.

5 I have an art class on (Thursday / Wednesday).   나는 목요일에 미술 수업이 있어요.

6 She has a piano lesson on (Wednesday / Thursday).   그녀는 수요일에 피아노 레슨이 있어요.

7 He will meet a friend this (Monday / Friday).   그는 이번 금요일에 친구를 만날 거예요.

8 She is going to watch a movie on (Saturday / Sunday).   그녀는 토요일에 영화를 볼 예정이에요.

9 I spend time on my hobby on (weekends / work).   나는 주말마다 취미 활동으로 시간을 보내요.

10 We can take a (rest / weekend) now.   우리는 이제 쉴 수 있어요.

E   주어진 단어를 활용해 문장을 완성해 보세요.

I do club activities on _____.

클럽 활동을 언제 하나요?

I watch TV on _____.

언제 주로 TV를 시청하나요?

I have a physical education class on _____.

체육 수업은 무슨 요일에 있나요?

I have a science class on _____.

과학 수업은 무슨 요일에 있나요?

I have a math class on _____.

수학 수업은 무슨 요일에 있나요?

Week

- Monday
- Tuesday
- Wednesday
- Thursday
- Friday
- Saturday
- Sunday
- weekend
- work
- rest

DAY 21

Month 달, 월

듣고 따라하는
원어민 발음

⭐ 그림을 보며 단어를 익힌 후, 빈칸에 단어를 따라 써 보세요. 🎧 21

DAY 21

January

January
1월

February

February
2월

March

March
3월

April

April
4월

May

May
5월

June

June
6월

July

July
7월

August

August
8월

September

September
9월

October

October
10월

A 그림을 보고, 빈칸에 알맞은 말을 써넣으세요.

1

third

Today is   third.

오늘은 1월 3일이에요.

2

fifth

Today is   fifth.

오늘은 2월 5일이에요.

3

ninth

Today is   ninth.

오늘은 3월 9일이에요.

4

seventh

Today is   seventh.

오늘은 4월 7일이에요.

5

first

Today is   first.

오늘은 5월 1일이에요.

6

second

Today is   second.

오늘은 6월 2일이에요.

7

fourth

Today is   fourth.

오늘은 7월 4일이에요.

8

sixth

Today is   sixth.

오늘은 8월 6일이에요.

9

eighth

Today is   eighth.

오늘은 9월 8일이에요.

10

tenth

Today is   tenth.

오늘은 10월 10일이에요.

B 그림에 해당하는 낱말을 바르게 쓰고, ○안에 알맞은 알파벳을 쓰세요.

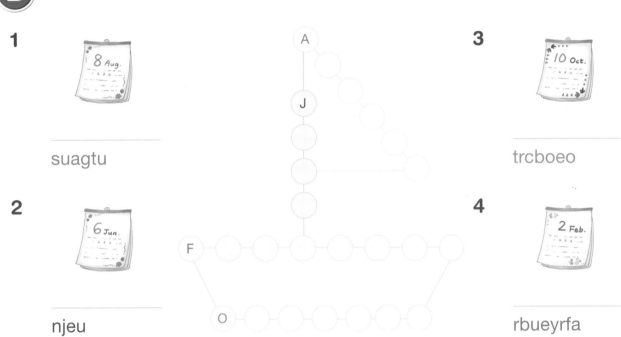

1

suagtu

2

njeu

3

trcboeo

4

rbueyrfa

C 그림에 알맞은 낱말을 퍼즐에서 찾아 ○표 하고, 해당하는 그림과 연결하세요.

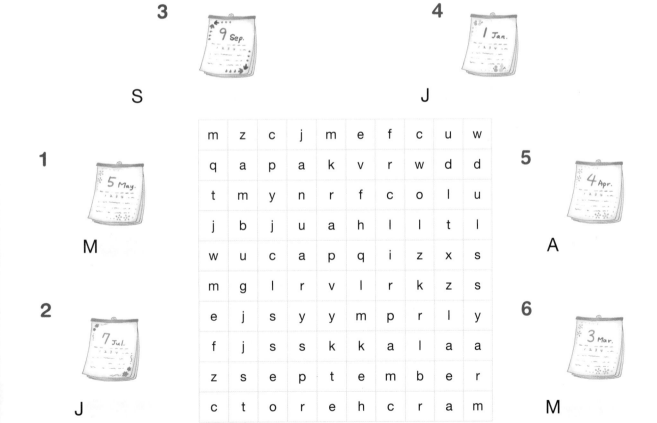

3 S

4 J

1 M

2 J

5 A

6 M

m	z	c	j	m	e	f	c	u	w
q	a	p	a	k	v	r	w	d	d
t	m	y	n	r	f	c	o	l	u
j	b	j	u	a	h	l	l	t	l
w	u	c	a	p	q	i	z	x	s
m	g	l	r	l	r	k	z	s
e	j	s	y	y	m	p	r	l	y
f	j	s	s	k	k	a	l	a	a
z	s	e	p	t	e	m	b	e	r
c	t	o	r	e	h	c	r	a	m

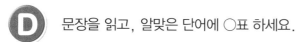

D 문장을 읽고, 알맞은 단어에 ○표 하세요.

1   It's (August / October), and the weather is humid.   지금은 8월이며 날씨가 습해요.

2   In (January/ September), it's getting cooler.   9월에는 날씨가 선선해져요.

3   It's pretty cold in (February / July).   2월은 날씨가 꽤 추워요.

4   In (March / December), flowers start blooming.   3월에는 꽃들이 피기 시작해요.

5   My mother was born in (April / November).   우리 어머니는 4월에 태어나셨어요.

6   People enjoy warm weather in (May / July).   사람들은 5월에 따뜻한 날씨를 즐겨요.

7   In (October / July), leaves turn red and yellow.   10월에는 나뭇잎이 빨갛고 노랗게 물들어요.

8   (January / February) is the first month of the year.   1월은 1년의 첫 번째 달이에요.

9   (June / March) 3rd is my birthday.   6월 3일은 내 생일이에요.

10 It gets hot in (July / December).   7월에는 날씨가 더워져요.

 주어진 단어를 활용해 문장을 완성해 보세요.

My favorite month is _____.

가장 좋아하는 달은 몇 월인가요?

I can meet new classmates in _____.

새로운 반 친구들을 만나는 달은 몇 월인가요?

It is very hot in _____.

일 년 중 가장 더운 달은 몇 월인가요?

I am busy in _____.

일 년 중 가장 바쁜 달은 몇 월인가요?

Hangul Day is in _____.

한글날이 있는 달은 몇 월인가요?

Month

• January
• February
• March
• April
• May
• June
• July
• August
• September
• October

DAY 22 Season 계절

듣고 따라하는
원어민 발음

⭐ 그림을 보며 단어를 익힌 후, 빈칸에 단어를 따라 써 보세요. 🎧22

November
November
11월

November

December
December
12월

December

holiday
holiday
휴가, 공휴일

holiday

vacation
vacation
방학, 휴가

vacation

spring
spring
봄

spring

summer
summer
여름

summer

autumn
autumn
가을
= fall

autumn

winter
winter
겨울

winter

different
different
다른

different

return
return
돌아오다

return

1

second

Today is   second.

오늘은 11월 2일이에요.

2

third

Today is   third.

오늘은 12월 3일이에요.

3

a nice

Have a nice   .

즐거운 휴가 보내세요.

4

a nice

Have a nice   .

즐거운 방학 보내세요.

5

in

It is warm in   .

봄에는 따뜻해요.

6

in

It is hot in   .

여름에는 더워요.

7

in

It is cool in   .

가을에는 선선해요.

8

in

It is cold in   .

겨울에는 추워요.

9

four   seasons

Korea has four   seasons.

한국에는 4개의 다른 계절이 있어요.

10

 s every year

Winter   s every year.

겨울은 매년 돌아와요.

B 그림을 보고, 알파벳을 연결하여 낱말을 완성한 후 빈칸에 써넣으세요.

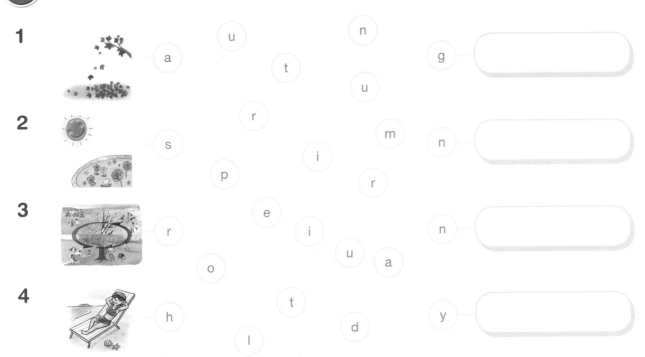

C 그림에 알맞은 낱말을 퍼즐에서 찾아 ○표 하고, 해당하는 그림과 연결하세요.

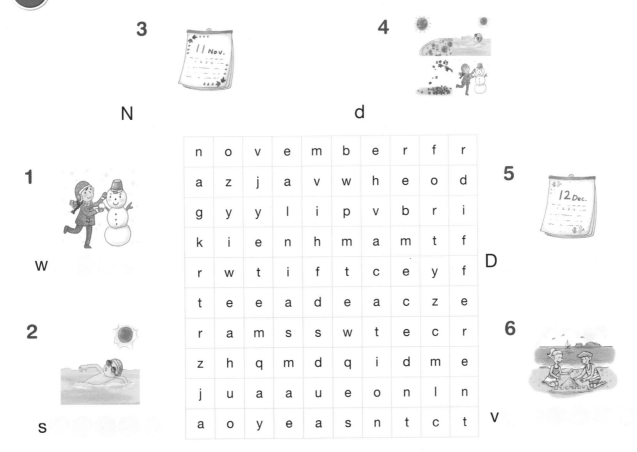

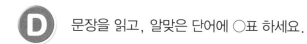

D 문장을 읽고, 알맞은 단어에 ◯표 하세요.

1 My favorite (holiday / winter) is Christmas.   내가 가장 좋아하는 휴일은 크리스마스예요.

2 I like having a picnic in (autumn / winter).   나는 가을에 소풍 가는 것을 좋아해요.

3 In (spring / winter), the weather gets warm.   봄에는 날씨가 따뜻해져요.

4 The New Year's Day (returns / vacation) every year.   새해 첫날은 매년 돌아와요.

5 I had a (vacation / summer) in Canada last year.   나는 작년에 캐나다에서 휴가를 보냈어요.

6 We have four (different / winter) seasons in Korea.   한국에는 4개의 다른 계절이 있어요.

7 I went to my uncle's in (November / December).   나는 11월에 우리 삼촌 댁을 찾아갔어요.

8 We have a lot of snow in (winter / summer).   겨울에는 눈이 많이 내려요.

9 In (summer / spring), many people go swimming.   여름에는 많은 사람들이 수영하러 가요.

10 My family goes skiing in (December / November).   우리 가족은 12월에 스키 타러 가요.

E 주어진 단어를 활용해 문장을 완성해 보세요.

I like _____ most.
어떤 계절을 가장 좋아하나요?

I hate _____ most.
어떤 계절을 가장 싫어하나요?

I can see red and yellow leaves in _____.
단풍은 언제 볼 수 있나요?

We have snow in _____.
눈은 언제 내리나요?

It is hottest in _____.
가장 더운 계절은 언제인가요?

Season
- November
- December
- holiday
- vacation
- spring
- summer
- autumn
- winter
- different
- return

Location 위치

듣고 따라하는
원어민 발음

⭐ 그림을 보며 단어를 익힌 후, 빈칸에 단어를 따라 써 보세요. 🎧23

in front of
~의 앞에

in front of

behind
~의 뒤에

behind

next to
~의 옆에

next to

top
꼭대기

top

middle
중간

middle

bottom
밑바닥

bottom

corner
모퉁이, 구석

corner

end
끝

end

here
이곳, 여기에

here

there
그곳, 거기에

there

A 그림을 보고, 빈칸에 알맞은 말을 써넣으세요.

1

        the house

There is a tree   the house.

집 앞에 나무 한 그루가 있어요.

2

        the tree

There is a house   the tree.

나무 뒤에 집 한 채가 있어요.

3

        the house

There is a tree   the house.

집 옆에 나무 한 그루가 있어요.

4

    at the   of stairs

A bird is at the   of stairs.

계단 꼭대기에 새 한 마리가 있어요.

5

    in the   of stairs

A bird is in the   of stairs.

계단 가운데 새 한 마리가 있어요.

6

    at the   of stairs

A bird is at the   of stairs.

계단 바닥에 새 한 마리가 있어요.

7

      at the

My house is at the   .

우리 집은 모퉁이에 있어요.

8

    the   of the road

I live at the   of the road.

나는 이 길의 끝에 살아요.

9

      around

I live around   .

나는 여기 근처에 살아요.

10

      over

Look at that house over   .

저기에 있는 집을 보세요.

B 그림에 해당하는 낱말을 바르게 쓰고, ○안에 알맞은 알파벳을 쓰세요.

1

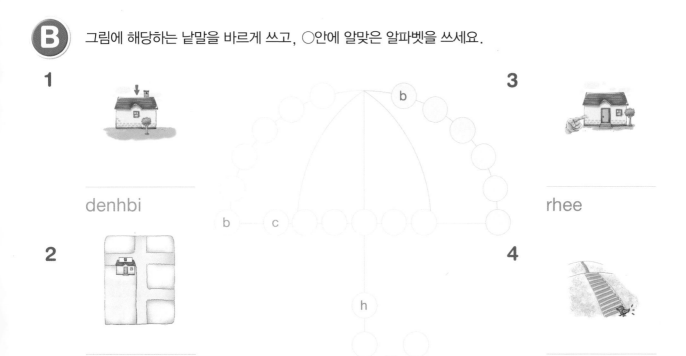

denhbi

2

noecrr̀

3

rhee

4

otmobt

C 그림에 알맞은 낱말을 퍼즐에서 찾아 ○표 하고, 해당하는 그림과 연결하세요.

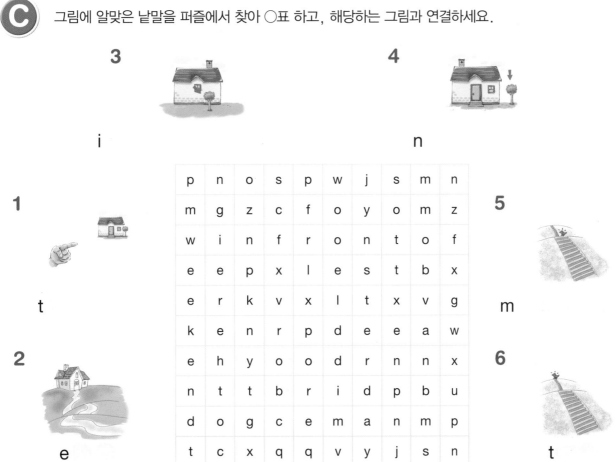

p	n	o	s	p	w	j	s	m	n
m	g	z	c	f	o	y	o	m	z
w	i	n	f	r	o	n	t	o	f
e	e	p	x	l	e	s	t	b	x
e	r	k	v	x	l	t	x	v	g
k	e	n	r	p	d	e	e	a	w
e	h	y	o	o	d	r	n	n	x
n	t	t	b	r	i	d	p	b	u
d	o	g	c	e	m	a	n	m	p
t	c	x	q	q	v	y	j	s	n

3 i

4 n

1 t

2 e

5 m

6 t

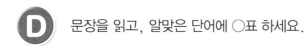

D 문장을 읽고, 알맞은 단어에 ○표 하세요.

1 Mary is sitting (in front of / next to) me.

메리는 내 앞에 앉아 있어요.

2 He is walking in the (bottom / middle) of the street.

그는 길 한가운데를 걷고 있어요.

3 Look at the (bottom / middle) of the page.

페이지 밑 부분을 보세요.

4 A child is standing (front / behind) the tall man.

한 아이가 키 큰 남자 뒤에 서 있어요.

5 (Here / There) comes the bus.

여기 버스가 와요.

6 (Here/ There) goes the train.

저기 기차가 가고 있어요.

7 Dad is sitting (next to / in front of) the bed.

아버지는 침대 옆에 앉아 계세요.

8 She moved the table into the (corner / middle).

그녀는 테이블을 구석으로 옮겼어요.

9 You'll find a supermarket at the (end / top) of the street.

길 끝에 슈퍼마켓이 보일 거예요.

10 There's a nest on the (top / side) of the tree.

나무 꼭대기에 둥지가 있어요.

 E 주어진 단어를 활용해 문장을 완성해 보세요.

A chimney is on the _____ of the roof.

집에서 굴뚝은 어디에 위치하나요?

My desk is in the _____ of my room.

책상은 방의 어디에 놓여 있나요?

A bus stop is _____ my house.

집에서 가장 가까운 버스 정류장은 어디 있나요?

The table is in the _____ of the dining room.

식탁은 집 어디에 놓여 있나요?

_____ it is.

물건을 건네줄 때 어떻게 말하나요?

Location

• in front of
• behind
• next to
• top
• middle
• bottom
• corner
• end
• here
• there

Town 마을

듣고 따라하는
원어민 발음

⭐ 그림을 보며 단어를 익힌 후, 빈칸에 단어를 따라 써 보세요. 🎧24

store
가게, 상점

store

restaurant
식당, 음식점

restaurant

bakery
빵집, 제과점

bakery

church
교회

church

library
도서관

library

hospital
병원

hospital

drugstore
약국

drugstore

theater
극장, 영화관

theater

bank
은행

bank

post office
우체국

post office

1

go to the

Let's go to the   .

가게에 가자.

2

go to the

Let's go to the   .

식당에 가자.

3

go to the

Let's go to the   .

빵집에 가자.

4

go to

Let's go to   .

교회에 가자.

5

in the

I study in the   .

나는 도서관에서 공부해요.

6

in the

I am in the   .

나는 병원에 있어요.

7

in the

I am in the   .

나는 약국에 있어요.

8

the movie

Where is the movie   ?

영화관은 어디인가요?

9

work for a

I work for a   .

나는 은행에서 일해요.

10

Is there a

Is there a   near here?

이 근처에 우체국이 있나요?

B 그림을 보고, 알파벳을 연결하여 낱말을 완성한 후 빈칸에 써넣으세요.

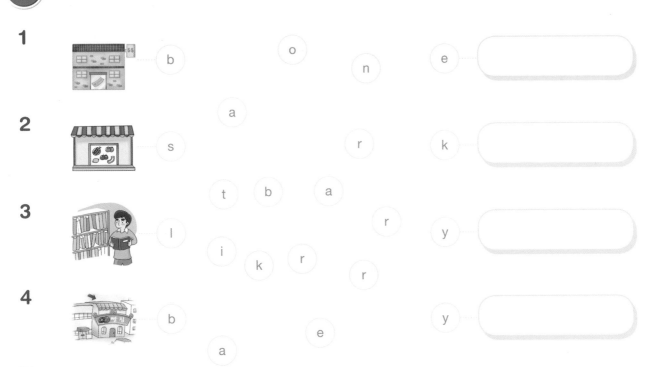

1

2

3

4

C 그림에 알맞은 낱말을 퍼즐에서 찾아 ○표 하고, 해당하는 그림과 연결하세요.

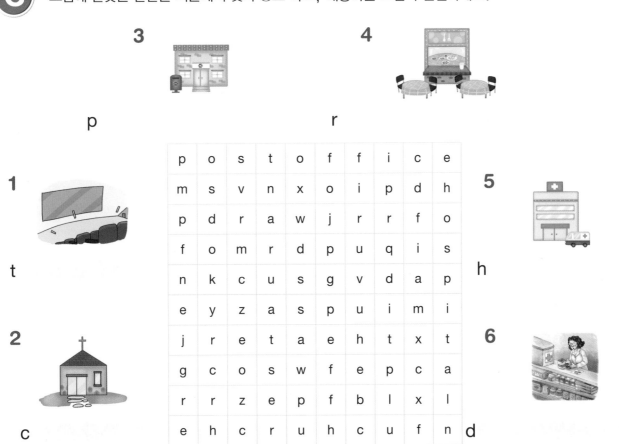

3

4

p

r

p	o	s	t	o	f	f	i	c	e
m	s	v	n	x	o	i	p	d	h
p	d	r	a	w	j	r	r	f	o
f	o	m	r	d	p	u	q	i	s
n	k	c	u	s	g	v	d	a	p
e	y	z	a	s	p	u	i	m	i
j	r	e	t	a	e	h	t	x	t
g	c	o	s	w	f	e	p	c	a
r	r	z	e	p	f	b	l	x	l
e	h	c	r	u	h	c	u	f	n

1

t

2

c

5

h

6

d

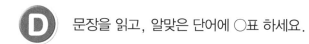

D 문장을 읽고, 알맞은 단어에 ○표 하세요.

1 I often go to clothing (stores / restaurants). 나는 자주 옷가게에 가요.

2 Mary goes to (school / church) on Sundays. 메리는 일요일마다 교회에 가요.

3 Peggy went to the (post office / hospital). 페기는 우체국에 갔어요.

4 I bought some medicine at a (drugstore / bakery). 나는 약국에서 약을 좀 샀어요.

5 He often reads books at the (library / hospital). 그는 자주 도서관에서 책을 읽어요.

6 I ate some bread at a (bakery / bank). 나는 제과점에서 빵을 몇 개 먹었어요.

7 I watched a new movie at the (bank / theater). 나는 극장에서 새 영화를 봤어요.

8 My family often eats out at a (restaurant / hospital). 우리 가족은 자주 식당에서 외식을 해요.

9 My uncle works at a (bank / library). 우리 삼촌은 은행에서 일해요.

10 My brother is in the (hospital / theater). 내 남동생은 병원에 있어요.

 주어진 단어를 활용해 문장을 완성해 보세요.

I can have meals at a _____.
우리는 어디에서 식사를 할 수 있나요?

I can borrow books from the _____.
우리는 어디에서 책을 빌릴 수 있나요?

I go to the _____ when I'm sick.
우리는 아프면 어디에 가나요?

I can watch a movie at a _____.
우리는 영화를 어디에서 볼 수 있나요?

I can buy things at a _____.
우리는 물건을 어디에서 살 수 있나요?

Town

• store
• restaurant
• bakery
• church
• library
• hospital
• drugstore
• theater
• bank
• post office

City 도시

듣고 따라하는
원어민 발음

⭐ 그림을 보며 단어를 익힌 후, 빈칸에 단어를 따라 써 보세요. 🎧 25

building
건물, 빌딩

building

town
마을

town

company
회사

company

pool
수영장
= swimming pool

pool

park
공원

park

airport
공항

airport

factory
공장

factory

museum
박물관

museum

police station
경찰서

police station

zoo
동물원

zoo

105

그림을 보고, 빈칸에 알맞은 말을 써넣으세요.

1

very

The building is very _____ .

그 건물은 매우 높아요.

2

my

I love my _____ .

나는 우리 마을을 사랑해요.

3

a toy

I work for a toy _____ .

나는 장난감 회사에서 일해요.

4

go to the

Let's go to the _____ .

수영장에 가자.

5

go to the

Let's go to the _____ .

공원에 가자.

6

go to the

I go to the _____ .

나는 공항에 가요.

7

a toy

I work at a toy _____ .

나는 장난감 공장에서 일해요.

8

go to the

Let's go to the _____ .

박물관에 가자.

9

Is there a

Is there a _____ near here?

이 근처에 경찰서가 있나요?

10

go to the

Let's go to the _____ .

동물원에 가자.

B 그림에 해당하는 낱말을 바르게 쓰고, ○안에 알맞은 알파벳을 쓰세요.

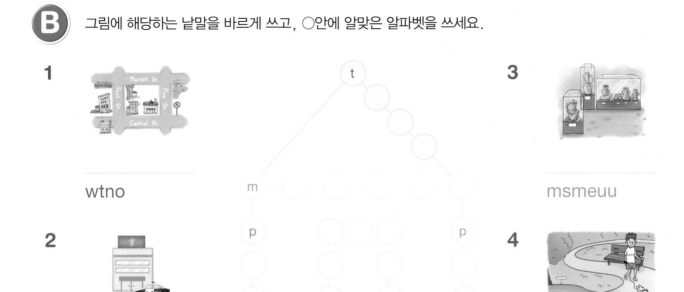

1

wtno

2

ocpiel ttnsoai

3

msmeuu

4

akpr

C 그림에 알맞은 낱말을 퍼즐에서 찾아 ○표 하고, 해당하는 그림과 연결하세요.

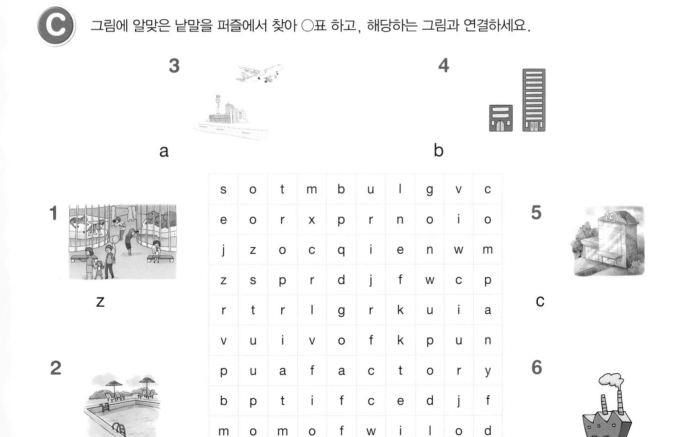

s	o	t	m	b	u	l	g	v	c
e	o	r	x	p	r	n	o	i	o
j	z	o	c	q	i	e	n	w	m
z	s	p	r	d	j	f	w	c	p
r	t	r	l	g	r	k	u	i	a
v	u	i	v	o	f	k	p	u	n
p	u	a	f	a	c	t	o	r	y
b	p	t	i	f	c	e	d	j	f
m	o	m	o	f	w	i	l	o	d
f	l	o	o	p	s	s	y	v	a

D 문장을 읽고, 알맞은 단어에 ○표 하세요.

1 My family lives in a small (town / building).   우리 가족은 작은 마을에 살아요.

2 The airplane arrived at the (airport / company).   비행기는 공항에 도착했어요.

3 There is a (police station / airport) across the street.   길 건너편에 경찰서가 있어요.

4 My mother works at a big (building / company).   우리 어머니는 큰 회사에서 근무하세요.

5 The (town / building) looks pretty old.   그 건물은 상당히 오래돼 보여요.

6 There is a car (factory / company) in my town.   우리 마을에는 자동차 공장이 있어요.

7 I enjoy swimming in the (pool / zoo).   나는 풀장에서 수영하는 것을 즐겨요.

8 She often goes to the (museum / police station).   그녀는 자주 박물관에 가요.

9 I like seeing animals at the (zoo / airport).   나는 동물원에서 동물을 보는 것을 좋아해요.

10 He is jogging in the (park / zoo).   그는 공원에서 조깅을 하고 있어요.

E 주어진 단어를 활용해 문장을 완성해 보세요.

I go to the _____.
우리는 비행기를 타려면 어디로 가나요?

I can see lions at the _____.
우리는 사자를 어디에서 볼 수 있나요?

People live in a _____.
사람들은 어디에서 사나요?

I can see paintings in a _____.
우리는 그림을 어디에서 볼 수 있나요?

Police officers work at a _____.
경찰관은 어디에서 일하나요?

City

• building
• town
• company
• pool
• park
• airport
• factory
• museum
• police station
• zoo

Nation 국가

⭐ 그림을 보며 단어를 익힌 후, 빈칸에 단어를 따라 써 보세요. 🎧26

Korea
한국
Korean 한국 사람

Korea

Japan
일본
Japanese 일본 사람

Japan

China
중국
Chinese 중국 사람

China

India
인도
Indian 인도 사람

India

America
미국
American 미국 사람

America

Germany
독일
German 독일 사람

Germany

England
영국

England

France
프랑스

France

Italy
이탈리아
Italian 이탈리아 사람

Italy

world
세계

world

그림을 보고, 빈칸에 알맞은 말을 써넣으세요.

1

_____ am from

I am from _____ .

나는 한국 출신이에요.

2

_____ am from

I am from _____ .

나는 일본 출신이에요.

3

_____ am from

I am from _____ .

나는 중국 출신이에요.

4

_____ am from

I am from _____ .

나는 인도 출신이에요.

5

_____ am from

I am from _____ .

나는 미국 출신이에요.

6

_____ am from

I am from _____ .

나는 독일 출신이에요.

7

_____ am from

I am from _____ .

나는 영국 출신이에요.

8

_____ am from

I am from _____ .

나는 프랑스 출신이에요.

9

_____ am from

I am from _____ .

나는 이탈리아 출신이에요.

10

_____ around the

I travel around the _____ .

나는 세계 여행을 해요.

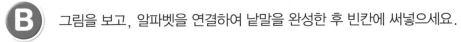

B 그림을 보고, 알파벳을 연결하여 낱말을 완성한 후 빈칸에 써넣으세요.

1 ⓛ t e a ☐

2 l o a l y ☐
r

3 K d l d ☐
n

4 w o i a ☐
r

C 그림에 알맞은 낱말을 퍼즐에서 찾아 ○표 하고, 해당하는 그림과 연결하세요.

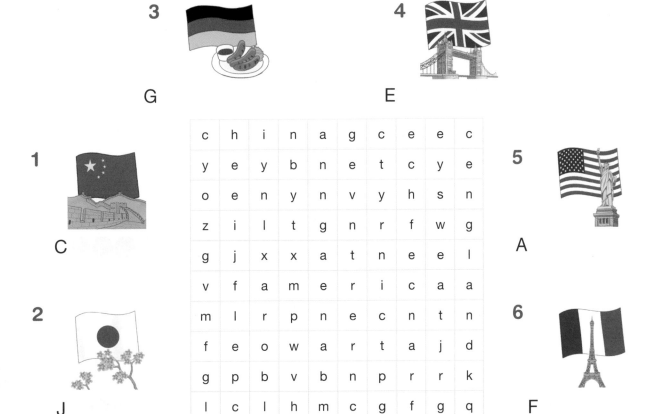

3 G

4 E

c	h	i	n	a	g	c	e	e	c
y	e	y	b	n	e	t	c	y	e
o	e	n	y	n	v	y	h	s	n
z	i	l	t	g	n	r	f	w	g
g	j	x	x	a	t	n	e	e	l
v	f	a	m	e	r	i	c	a	a
m	l	r	p	n	e	c	n	t	n
f	e	o	w	a	r	t	a	j	d
g	p	b	v	b	n	p	r	r	k
l	c	l	h	m	c	g	f	g	q

1 C

2 J

5 A

6 F

D 문장을 읽고, 알맞은 단어에 ○표 하세요.

1   English is spoken in (America / Italy).   영어는 미국에서 사용돼요.

2   Paris is a city of (France / Germany).   파리는 프랑스의 도시예요.

3   (Italy / England) is famous for its pasta dishes.   이탈리아는 파스타 요리로 유명해요.

4   Minho is from (Korea / India).   민호는 한국에서 왔어요.

5   (England / Korea) has lots of strong soccer teams.   영국은 강한 축구팀이 많아요.

6   (Germany / England) is in Europe.   독일은 유럽에 있어요.

7   Tokyo is a city of (China / Japan).   도쿄는 일본의 도시예요.

8   (China / India) is the biggest country in Asia.   중국은 아시아에서 제일 큰 나라예요.

9   A lot of languages are used in (India / Japan).   많은 언어들이 인도에서 사용되고 있어요.

10 He traveled around the (world / Japan).   그는 세계 일주를 했어요.

E 주어진 단어를 활용해 문장을 완성해 보세요.

Seoul is the capital of _____.
서울은 어느 나라의 수도인가요?

_____ is famous for its cars.
자동차로 유명한 나라는 어디인가요?

Leonardo Da Vinci was from _____.
레오나르도 다빈치는 어느 나라 사람인가요?

_____ is very close to Canada.
캐나다와 가까운 나라는 어디인가요?

I want to visit _____ someday.
어떤 나라를 방문해 보고 싶나요?

Nation

• Korea
• Japan
• China
• India
• America
• Germany
• England
• France
• Italy
• world

DAY 27 Castle 성

⭐ 그림을 보며 단어를 익힌 후, 빈칸에 단어를 따라 써 보세요. 🎧27

castle
성, 궁전

castle

king
왕

king

queen
여왕, 왕비

queen

prince
왕자

prince

princess
공주

princess

block
큰 덩어리, 블록

block

gate
문

gate

wall
벽

wall

stairs
계단

stairs

garden
정원

garden

113

A 그림을 보고, 빈칸에 알맞은 말을 써넣으세요.

1

_____ in the _____

I live in the _____ .

나는 성에 살아요.

2

_____ the _____

The _____ lives in the castle.

그 왕은 성에 살아요.

3

_____ the _____

The _____ lives in the castle.

그 여왕은 성에 살아요.

4

the _____

The _____ lives in the castle.

그 왕자는 성에 살아요.

5

the _____

The _____ lives in the castle.

그 공주는 성에 살아요.

6

_____ s of stone

It was built of _____ s of stone.

그것은 돌덩어리들로 만들어졌어요.

7

_____ at the _____

I am standing at the _____ .

나는 문에 서 있어요.

8

_____ on the _____

I hang a picture on the _____ .

나는 벽에 그림을 걸어요.

9

_____ go up the _____

I go up the _____ .

나는 계단을 올라가요.

10

_____ in the _____

I play in the _____ .

나는 정원에서 놀아요.

그림에 해당하는 낱말을 바르게 쓰고, ◯안에 알맞은 알파벳을 쓰세요.

1

tgea

2

rcspnsie

3

trsisa

4

gink

DAY 27

 그림에 알맞은 낱말을 퍼즐에서 찾아 ◯표 하고, 해당하는 그림과 연결하세요.

3

p

4

g

1

q

2

c

u	s	t	o	e	a	e	s	j	w
e	w	r	e	r	a	v	l	i	c
p	c	v	b	l	o	c	k	l	p
t	z	n	x	z	n	r	l	n	h
r	f	y	i	e	g	r	z	e	q
s	g	i	e	r	l	l	t	d	w
q	j	u	z	t	p	y	l	r	p
r	q	i	m	n	x	o	y	a	s
w	k	m	e	n	s	a	k	g	w
a	l	f	e	l	t	s	a	c	a

5

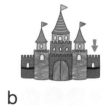

b

6

w

115

문장을 읽고, 알맞은 단어에 ○표 하세요.

1 You can see many (castles / gates) in Europe.　여러분은 유럽에서 많은 성들을 볼 수 있어요.

2 They are walking along the (wall / castle).　그들은 벽을 따라서 걷고 있어요.

3 She is going up the (stairs / garden).　그녀는 계단으로 올라가고 있어요.

4 We planted many flowers in the (wall / garden).　우리는 정원에 많은 꽃을 심었어요.

5 Jane married a prince and became a (queen / princess).　제인은 왕자와 결혼해서 공주가 됐어요.

6 I read a story about (King / Queen) Arthur.　나는 아서 왕에 대한 이야기를 읽었어요.

7 Elizabeth II is a (King / Queen) of the United Kingdom.　엘리자베스 2세는 영국의 여왕이에요.

8 The (princess / prince) looked for Cinderella.　왕자는 신데렐라를 찾았어요.

9 They are moving a (block / garden) of ice.　그들은 얼음 덩어리를 옮기고 있어요.

10 She knocked on the huge (wall / gate).　그녀는 커다란 문에 대고 노크를 했어요.

 주어진 단어를 활용해 문장을 완성해 보세요.

A prince and a princess live in a _____.
왕자와 공주는 성에 살아요.

The _____ is wearing a crown.
왕은 왕관을 쓰고 있어요.

The _____ is wearing beautiful clothes.
왕비는 아름다운 옷을 입고 있어요.

The _____ of the castle is thick.
그 성의 문은 두꺼워요.

The castle has a wonderful _____.
그 성은 훌륭한 정원이 있어요.

★ **Castle** ★
- castle
- king
- queen
- prince
- princess
- block
- gate
- wall
- stairs
- garden

Clothes 옷

듣고 따라하는
원어민 발음

⭐ 그림을 보며 단어를 익힌 후, 빈칸에 단어를 따라 써 보세요. 🎧28

cap
모자

cap

belt
허리띠, 벨트

belt

vest
조끼

vest

sweater
스웨터

sweater

coat
코트

coat

button
단추, 버튼

button

pocket
호주머니

pocket

shorts
반바지

shorts

boots
부츠, 장화

boots

wear
입다

wear

117

1

wear a

I wear a   .

나는 모자를 써요.

2

put on a

I put on a   .

나는 허리띠를 매요.

3

wear a

I wear a   .

나는 조끼를 입어요.

4

put on a

I put on a   .

나는 스웨터를 입어요.

5

put on a

I put on a   .

나는 코트를 입어요.

6

some   s

I need some   s.

나는 몇 개의 단추가 필요해요.

7

in the

Put your hands in the   .

호주머니에 손을 넣으세요.

8

wear

I wear   .

나는 반바지를 입어요.

9

put on

I put on   .

나는 부츠를 신어요.

10

a shirt

I   a shirt.

나는 셔츠를 입어요.

B 그림을 보고, 알파벳을 연결하여 낱말을 완성한 후 빈칸에 써넣으세요.

1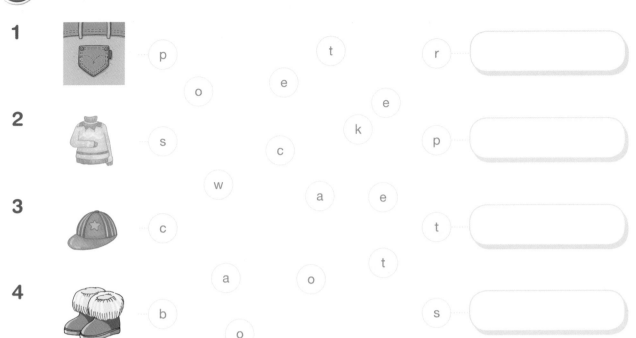
p   t   r
o   e

2
s   k   p
c   e

3
w   a   e
c   t

a   o   t

4
b   s
o

C 그림에 알맞은 낱말을 퍼즐에서 찾아 ○표 하고, 해당하는 그림과 연결하세요.

3
b

4
v

r	r	i	w	p	j	h	g	z	s
c	q	r	l	q	h	h	d	c	i
n	o	t	t	u	b	l	t	s	y
a	k	n	u	r	a	s	m	z	t
b	e	l	t	k	e	g	r	s	w
q	e	b	a	v	k	a	t	g	g
s	w	u	o	d	m	r	u	m	j
b	o	e	c	a	o	r	w	b	r
h	i	b	a	h	v	p	h	t	k
c	l	v	s	r	z	j	x	r	x

1
c

2
b

5
s

6
w

D 문장을 읽고, 알맞은 단어에 ◯표 하세요.

1 I have a yellow (cap / vest).　　　　　　　　　　나는 노란색 모자가 있어요.

2 Please put on a warm (vest / sweater).　　　　　따뜻한 스웨터를 입으세요.

3 Nancy often (wears / coats) skirts.　　　　　　낸시는 치마를 자주 입어요.

4 The blue shirt has 20 (buttons / pockets).　　　파란색 셔츠에는 20개의 단추가 있어요.

5 This (belt / pocket) is too small for me.　　　　이 벨트는 나에게 너무 작아요.

6 I don't like wearing (shorts / boots).　　　　　나는 반바지를 입는 것을 좋아하지 않아요.

7 I bought a pretty (vest / shorts) for my sister.　나는 내 여동생을 위해서 예쁜 조끼를 샀어요.

8 The pants have big (pockets / shorts).　　　　　그 바지는 큰 주머니가 있어요.

9 Your (coat / button) is too big for me.　　　　　당신의 코트는 나에게 너무 커요.

10 I wore warm (boots / shorts).　　　　　　　　나는 따뜻한 부츠를 신었어요.

E 주어진 단어를 활용해 문장을 완성해 보세요.

I wear a _____ when the sun is strong.
햇빛이 강할 때는 무엇을 착용하나요?

I wear a _____ in cold winter.
추운 겨울에는 무엇을 입나요?

I wear _____ in hot summer.
더운 여름에는 무엇을 입나요?

I wear _____ on my feet.
발에 착용하는 것은 무엇인가요?

I wear a _____ around my waist.
허리에 착용하는 것은 무엇인가요?

★ **Clothes** ★

• cap
• belt
• vest
• sweater
• coat
• button
• pocket
• shorts
• boots
• wear

Look 모습

듣고 따라하는
원어민 발음

⭐ 그림을 보며 단어를 익힌 후, 빈칸에 단어를 따라 써 보세요. 🎧 29

young
젊은

young

old
나이 든

old

strong
튼튼한

strong

weak
약한

weak

hard
단단한, 어려운

hard

soft
부드러운

soft

dirty
더러운

dirty

clean
깨끗한

clean

thick
두꺼운

thick

thin
얇은

thin

그림을 보고, 빈칸에 알맞은 말을 써넣으세요.

1

look

He looks _____ .

그는 젊어 보여요.

2

look

He looks _____ .

그는 나이 들어 보여요.

3

be

I want to be _____ .

나는 튼튼해지고 싶어요.

4

too

She is too _____ .

그녀는 몸이 너무 약해요.

5

very

The stone is very _____ .

그 돌은 매우 단단해요.

6

very

The cushion is very _____ .

그 쿠션은 매우 부드러워요.

7

look

The room looks _____ .

그 방은 더러워 보여요.

8

look

The room looks _____ .

그 방은 깨끗해 보여요.

9

is

This book is _____ .

이 책은 두꺼워요.

10

is

This book is _____ .

이 책은 얇아요.

122

B 그림에 해당하는 낱말을 바르게 쓰고, ○안에 알맞은 알파벳을 쓰세요.

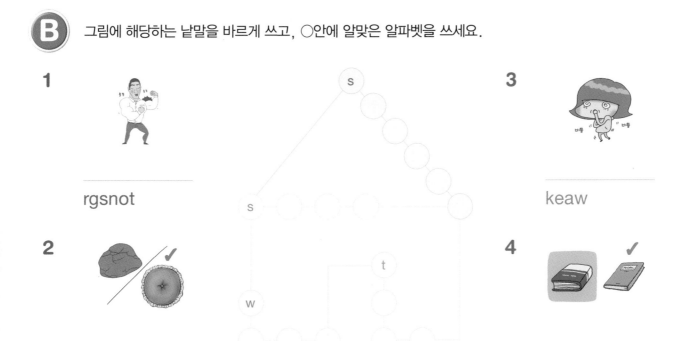

1
rgsnot

2
fost

3
keaw

4
hitn

C 그림에 알맞은 낱말을 퍼즐에서 찾아 ○표 하고, 해당하는 그림과 연결하세요.

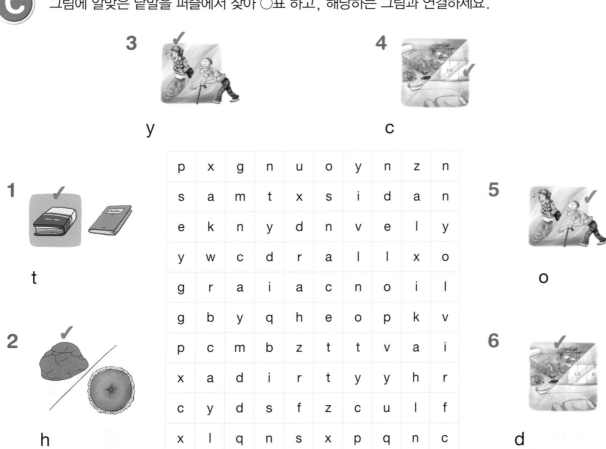

3
y

4
c

1
t

2
h

5
o

6
d

p	x	g	n	u	o	y	n	z	n
s	a	m	t	x	s	i	d	a	n
e	k	n	y	d	n	v	e	l	y
y	w	c	d	r	a	l	l	x	o
g	r	a	i	a	c	n	o	i	l
g	b	y	q	h	e	o	p	k	v
p	c	m	b	z	t	t	v	a	i
x	a	d	i	r	t	y	y	h	r
c	y	d	s	f	z	c	u	l	f
x	l	q	n	s	x	p	q	n	c

D 문장을 읽고, 알맞은 단어에 ○표 하세요.

1   Henry's house is (clean / dirty). 헨리의 집은 깨끗해요.

2   Mark is very (strong / weak). 마크는 힘이 매우 세요.

3   The table looks (clean / dirty). 테이블은 더러워 보여요.

4   This book is very (thin / thick). 이 책은 매우 얇아요.

5   The old lady looks very (weak / strong). 노부인은 매우 약해 보여요.

6   He looks very (young / old). 그는 매우 어려 보여요.

7   The baby's skin feels (soft / hard). 아기의 피부는 부드러워요.

8   This bread is very (hard / soft). 이 빵은 매우 딱딱해요.

9   The gentleman is very (old / young). 신사는 나이가 아주 많아요.

10 The wall is very (thick / thin) and strong. 벽이 매우 두껍고 튼튼해요.

E 주어진 단어를 활용해 문장을 완성해 보세요.

Children look very _____.
아이들은 외모가 어때 보이나요?

Elephants are very _____.
코끼리는 힘이 어떤가요?

Silk feels _____.
비단은 촉감이 어떤가요?

A turtle has a _____ shell.
거북이 등껍질은 어떤가요?

I wash my hair to keep it _____.
우리는 머리를 왜 감나요?

★ **Look** ★
• young
• old
• strong
• weak
• hard
• soft
• clean
• dirty
• thick
• thin

Act 행동

듣고 따라하는
원어민 발음

 그림을 보며 단어를 익힌 후, 빈칸에 단어를 따라 써 보세요. 🎧30

DAY 30

start
시작하다, 시작되다

start

finish
~을 끝내다, 끝마치다

finish

move
~을 움직이다, 옮기다

move

continue
계속하다

continue

call
~에게 전화를 걸다,
~을 부르다

call

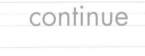

walk
걷다, 산책하다

walk

ride
~을 타다

ride

put
~을 놓다, 두다

put

fall
넘어지다, 떨어지다

fall

help
~을 돕다

help

125

A 그림을 보고, 빈칸에 알맞은 말을 써넣으세요.

1

_____ s at eight

My class _____ s at eight.

우리 수업은 여덟 시에 시작해요.

2

_____ my homework

I _____ my homework.

나는 숙제를 끝내요.

3

_____ a table

I _____ a table.

나는 탁자를 옮겨요.

4

_____ sleeping

I _____ sleeping.

나는 계속해서 잠을 자요.

5

_____ her

I _____ her.

나는 그녀에게 전화를 걸어요.

6

_____ s a dog

She _____ s a dog.

그녀는 강아지를 산책시켜요.

7

_____ a bike

I _____ a bike.

나는 자전거를 타요.

8

_____ some food

I _____ some food on the table.

나는 식탁에 음식을 놓아요.

9

_____ down

I _____ down the stairs.

나는 계단에서 넘어져요.

10

_____ you

Can I _____ you?

제가 도와 드릴까요?

B 그림을 보고, 알파벳을 연결하여 낱말을 완성한 후 빈칸에 써넣으세요.

1

f   s   n   l

2

h   i   i   h   e

3

c   a   d   e   l

4

r   i   l   p

C 그림에 알맞은 낱말을 퍼즐에서 찾아 ○표 하고, 해당하는 그림과 연결하세요.

3   **4**

s   c

w	j	s	j	z	i	u	q	f	p
w	i	q	t	e	w	u	b	a	q
m	f	i	w	a	l	k	g	l	d
w	a	l	k	u	r	e	r	l	i
q	d	e	u	n	i	t	n	o	c
g	v	x	i	c	x	x	u	u	t
f	i	p	e	c	a	v	o	p	l
r	e	e	v	y	w	o	l	f	b
a	u	a	o	n	k	b	p	c	c
u	b	z	m	b	i	f	e	n	c

1

w

2

m

5

f

6

p

127

D 문장을 읽고, 알맞은 단어에 ○표 하세요.

1 The teacher (continued / started) the lesson.

선생님은 수업을 계속했어요.

2 Mary (called / walked) me yesterday.

메리는 어제 나에게 전화했어요.

3 Peggy (walks / rides) to school.

페기는 걸어서 학교에 가요.

4 The boys (started / finished) a baseball game.

소년들은 야구 시합을 시작했어요.

5 I (put / fall) the key in the drawer.

나는 서랍에 열쇠를 넣어요.

6 A child (fell / walked) and cried.

한 아이가 넘어지더니 울었어요.

7 I (finished / started) cleaning my room.

나는 내 방 청소를 마쳤어요.

8 Tom often (rides / put) his bike in the park.

톰은 자주 공원에서 자전거를 타요.

9 They (continued / moved) the TV to the wall.

그들은 텔레비전을 벽 쪽으로 옮겼어요.

10 A boy (helped / called) an old man.

한 소년이 노인을 도와줬어요.

E 주어진 단어를 활용해 문장을 완성해 보세요.

I _____ to the supermarket.

동네 슈퍼마켓에는 어떻게 가나요?

School _____ at 9.

학교 수업이 몇 시에 시작하나요?

We _____ 119.

위급한 일이 있을 때는 어디에 전화하나요?

I want to _____ a roller coaster.

놀이공원에서 하고 싶은 것은 무엇인가요?

I _____ my homework before bedtime.

자기 전에 끝내 놓는 것이 있나요?

Act

- start
- finish
- move
- continue
- call
- walk
- ride
- put
- fall
- help

이것이 THIS IS 시리즈다!

THIS IS GRAMMAR 시리즈

▷ 중·고등 내신에 꼭 등장하는 어법 포인트 분석 및 총정리

강남인강 강의교재

THIS IS READING 시리즈

▷ 다양한 소재의 지문으로 내신 및 수능 완벽 대비

강남인강 강의교재

THIS IS VOCABULARY 시리즈

▷ 주제별로 분류한 교육부 권장 어휘

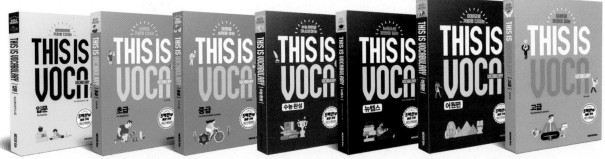

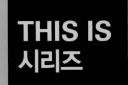

THIS IS 시리즈

무료 MP3 및 부가자료 다운로드
www.nexusbook.com
www.nexusEDU.kr

THIS IS GRAMMAR 시리즈
Starter 1~3   영어교육연구소 지음 | 205×265 | 144쪽 | 각 권 12,000원
초·중·고급 1·2   넥서스영어교육연구소 지음 | 205×265 | 250쪽 내외 | 각 권 12,000원

THIS IS READING 시리즈
Starter 1~3   김태연 지음 | 205×265 | 156쪽 | 각 권 12,000원
1·2·3·4   넥서스영어교육연구소 지음 | 205×265 | 192쪽 내외 | 각 권 10,000원

THIS IS VOCABULARY 시리즈
입문   넥서스영어교육연구소 지음 | 152×225 | 224쪽 | 10,000원
초·중·고급·어원편 권기하 지음 | 152×225 | 180×257 | 344쪽~444쪽 | 10,000원~12,000원
수능 완성   넥서스영어교육연구소 지음 | 152×225 | 280쪽 | 12,000원
뉴텝스   넥서스 TEPS연구소 지음 | 152×225 | 452쪽 | 13,800원

LEVEL CHART

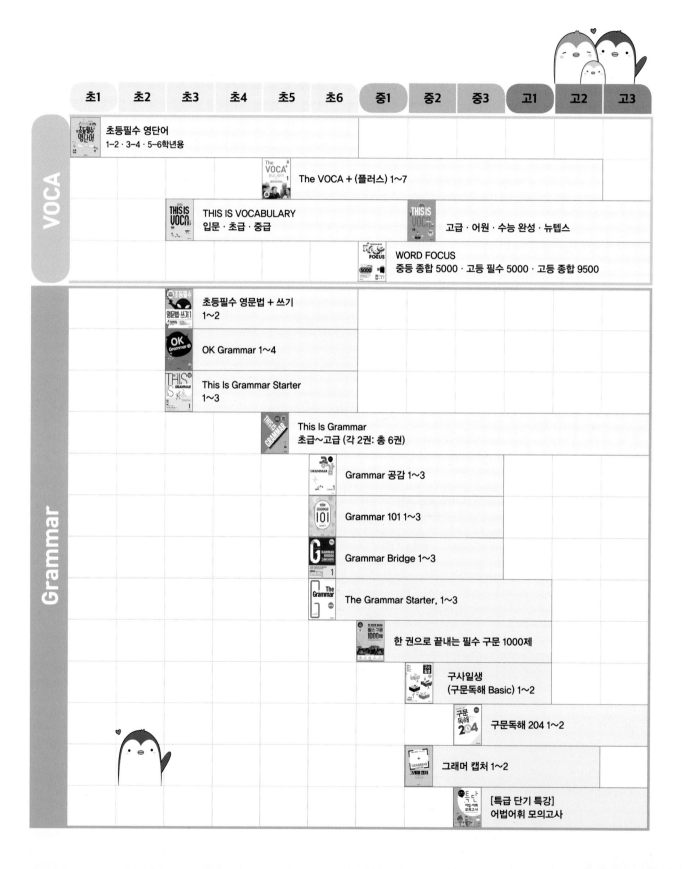

	초1	초2	초3	초4	초5	초6	중1	중2	중3	고1	고2	고3
VOCA	초등필수 영단어 1-2 · 3-4 · 5-6학년용											
				The VOCA + (플러스) 1~7								
			THIS IS VOCABULARY 입문 · 초급 · 중급					고급 · 어원 · 수능 완성 · 뉴텝스				
						WORD FOCUS 중등 종합 5000 · 고등 필수 5000 · 고등 종합 9500						
Grammar	초등필수 영문법 + 쓰기 1~2											
	OK Grammar 1~4											
	This Is Grammar Starter 1~3											
				This Is Grammar 초급~고급 (각 2권: 총 6권)								
					Grammar 공감 1~3							
					Grammar 101 1~3							
					Grammar Bridge 1~3							
					The Grammar Starter, 1~3							
						한 권으로 끝내는 필수 구문 1000제						
						구사일생 (구문독해 Basic) 1~2						
							구문독해 204 1~2					
							그래머 캡처 1~2					
							[특급 단기 특강] 어법어휘 모의고사					

교육부 지정

초등필수 영단어

Workbook & Answers

3-4
학년용

NEXUS Edu

husband husband

남편

wife wife

아내

son son

아들

daughter daughter

딸

uncle uncle

삼촌

aunt aunt

고모, 이모, 숙모

cousin cousin

사촌

nephew nephew

조카(남자)

niece niece

조카(여자)

live live

살다

듣고 따라하는
원어민 발음

A 우리말에 맞도록 빈칸에 알맞은 단어를 써넣으세요.

1 July's _____ is a teacher.

줄리의 남편은 선생님이에요.

2 Mr. Jackson has a _____.

잭슨 씨는 딸이 하나 있어요.

3 My _____ and I are very close.

내 사촌과 나는 매우 친해요.

4 I have a _____.

나는 남자 조카가 하나 있어요.

5 My _____ lives close to my house.

이모는 우리 집 근처에 살아요.

B 단어를 잘 듣고 받아쓴 후, 우리말 뜻과 연결하세요. 🎧w01

6 _____ •

• 삼촌

7 _____ •

• 아들

8 _____ •

• 조카(여자)

9 _____ •

• 살다

10 _____ •

• 아내

3

DAY 02 People

baby baby

아기

child child

어린이

boy boy

소년

girl girl

소녀

man man

남자

woman woman

여자

gentleman gentleman

신사

lady lady

숙녀

person person

사람

people people

사람들

A 우리말에 맞도록 빈칸에 알맞은 단어를 써넣으세요.

1   They have a _____ .   그들은 자녀가 하나 있어요.

2   These pants are for _____s.   이 바지는 소년들을 위한 것이에요.

3   Those shoes are for _____s.   저 신발은 소녀들을 위한 것이에요.

4   A man is talking with a _____ .   한 남자와 여자가 이야기하고 있어요.

5   An old _____ is waiting for a bus.   한 노신사가 버스를 기다리고 있어요.

B 단어를 잘 듣고 받아쓴 후, 우리말 뜻과 연결하세요. 🎧w02

6   _____   •   • 남자

7   _____   •   • 사람

8   _____   •   • 숙녀

9   _____   •   • 사람들

10 _____   •   • 아기

Numbers

eleven eleven

11, 열하나

twelve twelve

12, 열둘

thirteen thirteen

13, 열셋

fourteen fourteen

14, 열넷

fifteen fifteen

15, 열다섯

sixteen sixteen

16, 열여섯

seventeen seventeen

17, 열일곱

eighteen eighteen

18, 열여덟

nineteen nineteen

19, 열아홉

twenty twenty

20, 스물

A 우리말에 맞도록 빈칸에 알맞은 단어를 써넣으세요.

1 A soccer team has _____ players.   축구팀은 11명의 선수들이 있어요.

2 There are _____ months in a year.   한 해에는 12달이 있어요.

3 Two weeks are _____ days.   2주는 14일과 같아요.

4 Ten plus nine is _____.   10 더하기 9는 19예요.

5 The little boy can count to _____.   그 어린 소년은 20까지 셀 수 있어요.

B 단어를 잘 듣고 받아쓴 후, 우리말 뜻과 연결하세요. 🎧 w03

6 _____ •   • 17, 열일곱

7 _____ •   • 16, 열여섯

8 _____ •   • 13, 열셋

9 _____ •   • 15, 열다섯

10 _____ •   • 18, 열여덟

great great

정말 좋은, 기쁜

bad bad

불쾌한, 나쁜

scared scared

겁이 난, 무서운

worry worry

걱정하다

cry cry

울다

joyful joyful

즐거운

upset upset

화가 난

thirsty thirsty

목이 마른

hungry hungry

배고픈

tired tired

피곤한

듣고 따라하는
원어민 발음

A 우리말에 맞도록 빈칸에 알맞은 단어를 써넣으세요.

1   We feel _____.   우리는 기분이 좋아요.

2   The boy feels _____.   소년은 기분이 나빠요.

3   The children are _____.   그 어린이들은 겁을 먹었어요.

4   We often spend a _____ time together.   우리는 자주 함께 즐거운 시간을 보내요.

5   The girl is _____.   소녀는 목이 말라요.

B 단어를 잘 듣고 받아쓴 후, 우리말 뜻과 연결하세요. 🎧 w04

6   _____   •   •   울다

7   _____   •   •   걱정하다

8   _____   •   •   피곤한

9   _____   •   •   배고픈

10   _____   •   •   화가 난

School

classroom classroom

교실

classmate classmate

반 친구, 급우

lesson lesson

수업, 과목

homework homework

숙제

test test

시험

elementary elementary

초보의, 초등의

teach teach

~을 가르치다

learn learn

~을 배우다

read read

~을 읽다

write write

~을 쓰다

A 우리말에 맞도록 빈칸에 알맞은 단어를 써넣으세요.

1 My _____ is on the second floor.

우리 교실은 2층에 있어요.

2 Jenny is my _____.

제니는 내 학급 친구예요.

3 I have a lot of _____.

나는 숙제가 많아요.

4 He is an _____ school student.

그는 초등학생이에요.

5 We _____ English every day.

우리는 매일 영어를 배워요.

B 단어를 잘 듣고 받아쓴 후, 우리말 뜻과 연결하세요. 🎧 w05

6 _____ •

• 수업, 과목

7 _____ •

• ~을 가르치다

8 _____ •

• ~을 읽다

9 _____ •

• 시험

10 _____ •

• ~을 쓰다

Subject

Korean Korean

국어, 한국어

English English

영어

math math

수학

science science

과학

art art

미술, 예술

music music

음악

history history

역사

study study

공부하다

sport sport

스포츠, 운동

health health

보건, 건강

A 우리말에 맞도록 빈칸에 알맞은 단어를 써넣으세요.

1 Tom can speak _____ .

톰은 한국어를 할 수 있어요.

2 She is good at _____ .

그녀는 수학을 잘해요.

3 My favorite subject is _____ .

내가 가장 좋아하는 과목은 과학이에요.

4 His favorite _____ is hockey.

그가 가장 좋아하는 스포츠는 하키예요.

5 We study _____ .

우리는 역사를 공부해요.

B 단어를 잘 듣고 받아쓴 후, 우리말 뜻과 연결하세요. w06

6 _____ •

• 음악

7 _____ •

• 보건, 건강

8 _____ •

• 미술, 예술

9 _____ •

• 공부하다

10 _____ •

• 영어

Math

number number

번호, 수

plus plus

더하여

minus minus

~을 뺀

once once

한 번

twice twice

두 번

zero zero

영, 0

hundred hundred

백, 100

thousand thousand

천, 1000

some some

약간의

a lot of a lot of

많은

A 우리말에 맞도록 빈칸에 알맞은 단어를 써넣으세요.

1 Seven _____ three is ten.

7 더하기 3은 10이에요.

2 Five _____ two is three.

5 빼기 2는 3이에요.

3 I have meals _____ a day.

나는 하루에 두 끼를 먹어요.

4 This book is five _____ won.

이 책은 오천 원이에요.

5 He eats _____ candies.

그는 사탕을 많이 먹어요.

B 단어를 잘 듣고 받아쓴 후, 우리말 뜻과 연결하세요. 🎧w07

6 _____   •

• 한 번

7 _____   •

• 약간의

8 _____   •

• 영, 0

9 _____   •

• 번호, 수

10 _____   •

• 백, 100

15

Science

rocket rocket

로켓

robot robot

로봇

graph graph

그래프

plant plant

식물

vegetable vegetable

채소, 야채

insect insect

곤충, 벌레

earth earth

지구

air air

공기, 대기

stone stone

돌

fire fire

불

듣고 따라하는
원어민 발음

A 우리말에 맞도록 빈칸에 알맞은 단어를 써넣으세요.

1 I will go to the moon in a _____.

나는 로켓을 타고 달에 갈 거예요.

2 They are making a _____.

그들은 로봇을 만들고 있어요.

3 The carrot is a _____.

당근은 채소예요.

4 A dragonfly is an _____.

잠자리는 곤충이에요.

5 The _____ is the third planet from the sun.

지구는 태양에서 3번째 행성이에요.

B 단어를 잘 듣고 받아쓴 후, 우리말 뜻과 연결하세요. 🎧w08

6 _____ • • 불

7 _____ • • 돌

8 _____ • • 공기, 대기

9 _____ • • 그래프

10 _____ • • 식물

17

color color

색, 색깔

brush brush

붓

line line

선, 줄

circle circle

동그라미, 원

triangle triangle

삼각형

square square

정사각형, 사각

draw draw

~을 그리다

paint paint

색칠하다, 페인트칠하다

make make

~을 만들다

cut cut

~을 자르다

A 우리말에 맞도록 빈칸에 알맞은 단어를 써넣으세요.

1 My favorite _____ is blue.

내가 가장 좋아하는 색은 파란색이에요.

2 He is painting with a _____.

그는 붓으로 그림을 그리고 있어요.

3 I am drawing a _____.

나는 정사각형을 그리고 있어요.

4 A _____ has three sides.

삼각형은 3개의 변이 있어요.

5 They _____ the fence.

그들은 울타리에 페인트칠을 해요.

B 단어를 잘 듣고 받아쓴 후, 우리말 뜻과 연결하세요. 🎧 w09

6 _____ •

• ~을 자르다

7 _____ •

• 동그라미, 원

8 _____ •

• ~을 만들다

9 _____ •

• ~을 그리다

10 _____ •

• 선, 줄

Music

piano piano

피아노

guitar guitar

기타

drum drum

드럼

violin violin

바이올린

cello cello

첼로

flute flute

플루트

trumpet trumpet

트럼펫

play play

연주하다

sing sing

노래하다

listen listen

~을 듣다

A 우리말에 맞도록 빈칸에 알맞은 단어를 써넣으세요.

1 I take _____ lessons on Fridays.

나는 금요일마다 피아노 레슨이 있어요.

2 My brother is practicing the _____.

내 남동생은 첼로를 연습하고 있어요.

3 The _____ sounds beautiful.

플루트의 소리는 아름다워요.

4 He is playing the _____.

그는 트럼펫을 연주하고 있어요.

5 She is _____ing a song.

그녀는 노래를 부르고 있어요.

B 단어를 잘 듣고 받아쓴 후, 우리말 뜻과 연결하세요. 🎧w10

6 _____ •

• 바이올린

7 _____ •

• 기타

8 _____ •

• ~을 듣다

9 _____ •

• 드럼

10 _____ •

• 연주하다

21

DAY 11 Hobby

favorite favorite

가장 좋아하는

hobby hobby

취미

cooking cooking

요리

movie movie

영화

dance dance

춤, 춤추다

camera camera

사진기, 카메라

kite kite

연

badminton badminton

배드민턴

jogging jogging

조깅, 달리기

travel travel

여행, 여행하다

A 우리말에 맞도록 빈칸에 알맞은 단어를 써넣으세요.

1 Swimming is my _____ hobby.　　　　수영은 내가 가장 좋아하는 취미예요.

2 Dennis enjoys _____.　　　　데니스는 요리하는 것을 즐겨요.

3 A girl is taking pictures with a _____.　　한 소녀가 카메라로 사진을 찍고 있어요.

4 A child is flying a _____.　　　　한 아이가 연을 날리고 있어요.

5 My father goes _____ every day.　　우리 아버지는 매일 조깅을 해요.

B 단어를 잘 듣고 받아쓴 후, 우리말 뜻과 연결하세요. w11

6 _____ •　　　　• 배드민턴

7 _____ •　　　　• 취미

8 _____ •　　　　• 여행, 여행하다

9 _____ •　　　　• 영화

10 _____ •　　　　• 춤, 춤추다

breakfast breakfast

아침 식사

lunch lunch

점심 식사

dinner dinner

저녁 식사

egg egg

달걀, 알

salad salad

샐러드

delicious delicious

맛있는

sweet sweet

달콤한

bitter bitter

쓴

eat eat

~을 먹다

drink drink

~을 마시다

A 우리말에 맞도록 빈칸에 알맞은 단어를 써넣으세요.

1 I have _____ every morning.

나는 매일 아침에 아침을 먹어요.

2 I had _____ with my friends.

나는 친구들과 저녁을 먹었어요.

3 The sandwich is _____.

그 샌드위치는 맛있어요.

4 This vegetable tastes _____.

이 채소는 쓴 맛이 나요.

5 I don't _____ milk.

나는 우유를 마시지 않아요.

B 단어를 잘 듣고 받아쓴 후, 우리말 뜻과 연결하세요. 🎧 w12

6 _____ •

• 샐러드

7 _____ •

• ~을 먹다

8 _____ •

• 점심 식사

9 _____ •

• 달걀, 알

10 _____ •

• 달콤한

Things

can can

깡통, 캔

board board

널빤지, 판자

piece piece

조각, 부분

glove glove

장갑

bat bat

(야구 등의) 방망이, 배트

album album

앨범

crayon crayon

크레용

candy candy

사탕

plastic plastic

플라스틱, 비닐의

flag flag

깃발

A 우리말에 맞도록 빈칸에 알맞은 단어를 써넣으세요.

1   Dad cut the _____.   아버지는 판자를 자르셨어요.

2   He ate a _____ of cake.   그는 케이크 한 조각을 먹었어요.

3   The boy hit the ball with a _____.   소년은 방망이로 공을 쳤어요.

4   The girl is drawing with a _____.   소녀가 크레용으로 그림을 그리고 있어요.

5   A _____ is flying outside.   밖에 깃발이 날리고 있어요.

B 단어를 잘 듣고 받아쓴 후, 우리말 뜻과 연결하세요. w13

6   _____   •   • 앨범

7   _____   •   • 사탕

8   _____   •   • 깡통, 캔

9   _____   •   • 플라스틱, 비닐의

10 _____   •   • 장갑

Flowers

root root

뿌리

seed seed

씨앗

stem stem

(식물의) 줄기

leaf leaf

나뭇잎

flower flower

꽃

sunflower sunflower

해바라기

rose rose

장미

tulip tulip

튤립

lily lily

백합

grow grow

기르다, 자라다

A 우리말에 맞도록 빈칸에 알맞은 단어를 써넣으세요.

1 I planted a _____ in the garden.

나는 정원에 씨앗 하나를 심었어요.

2 The girl is picking up a _____.

소녀는 나뭇잎 하나를 줍고 있어요.

3 A _____ is very tall.

해바라기는 키가 매우 커요.

4 The _____ is my favorite flower.

튤립은 내가 가장 좋아하는 꽃이에요.

5 I put a _____ in a vase.

나는 꽃병에 백합을 꽂았어요.

B 단어를 잘 듣고 받아쓴 후, 우리말 뜻과 연결하세요. 🎧w14

6 _____ •

7 _____ •

8 _____ •

9 _____ •

10 _____ •

• (식물의) 줄기

• 기르다, 자라다

• 뿌리

• 꽃

• 장미

Zoo

giraffe giraffe

기린

kangaroo kangaroo

캥거루

cheetah cheetah

치타

iguana iguana

이구아나

deer deer

사슴

camel camel

낙타

panda panda

판다

owl owl

올빼미, 부엉이

ostrich ostrich

타조

penguin penguin

펭귄

듣고 따라하는
원어민 발음

A 우리말에 맞도록 빈칸에 알맞은 단어를 써넣으세요.

1 The _____ has a long neck. 기린은 목이 길어요.

2 The _____ is sleeping under a tree. 캥거루가 나무 아래에서 잠자고 있어요.

3 The _____ can live in a hot place. 낙타는 뜨거운 곳에서 살 수 있어요.

4 I saw a _____ in China. 나는 중국에서 판다 곰을 봤어요.

5 The _____ cannot fly. 타조는 날지 못해요.

B 단어를 잘 듣고 받아쓴 후, 우리말 뜻과 연결하세요. w15

6 _____ • • 사슴

7 _____ • • 치타

8 _____ • • 펭귄

9 _____ • • 이구아나

10 _____ • • 올빼미, 부엉이

DAY 16 Sea animals

whale whale

고래

shark shark

상어

dolphin dolphin

돌고래

seal seal

물개, 바다표범

squid squid

오징어

octopus octopus

문어

crab crab

게

lobster lobster

바닷가재

shrimp shrimp

새우

starfish starfish

불가사리

A 우리말에 맞도록 빈칸에 알맞은 단어를 써넣으세요.

1 A _____ is jumping out of water.

고래 한 마리가 물 밖으로 점프하고 있어요.

2 A _____ is hunting for food.

상어 한 마리가 먹이를 사냥하고 있어요.

3 A _____ has ten arms.

오징어는 팔이 10개예요.

4 We had _____ for dinner.

우리는 저녁으로 바닷가재를 먹었어요.

5 A _____ looks like a star.

불가사리는 별처럼 생겼어요.

B 단어를 잘 듣고 받아쓴 후, 우리말 뜻과 연결하세요. w16

6 _____ •

• 새우

7 _____ •

• 게

8 _____ •

• 돌고래

9 _____ •

• 문어

10 _____ •

• 물개, 바다표범

Insects

butterfly butterfly

나비

bee bee

벌

dragonfly dragonfly

잠자리

beetle beetle

딱정벌레

ladybug ladybug

무당벌레

ant ant

개미

grasshopper grasshopper

메뚜기

fly fly

파리

mosquito mosquito

모기

spider spider

거미

듣고 따라하는
원어민 발음

A 우리말에 맞도록 빈칸에 알맞은 단어를 써넣으세요.

1 A _____ is sitting on a flower.   나비 한 마리가 꽃 위에 앉아 있어요.

2 A _____ is collecting honey.   벌 한 마리가 꿀을 모으고 있어요.

3 A _____ has four wings.   잠자리는 날개가 4개예요.

4 A _____ is a small flying insect.   모기는 작은 날벌레예요.

5 A _____ is making a web.   거미 한 마리가 그물을 치고 있어요.

B 단어를 잘 듣고 받아쓴 후, 우리말 뜻과 연결하세요. 🎧 w17

6 _____   •   • 무당벌레

7 _____   •   • 메뚜기

8 _____   •   • 딱정벌레

9 _____   •   • 파리

10 _____   •   • 개미

Jobs

president president

대통령

astronaut astronaut

우주비행사

singer singer

가수

dancer dancer

무용가

firefighter firefighter

소방관

reporter reporter

기자, 리포터

businessman businessman

사업가

driver driver

운전사

actor actor

배우

lawyer lawyer

변호사

A 우리말에 맞도록 빈칸에 알맞은 단어를 써넣으세요.

1 I am an _____.   나는 우주비행사예요.

2 My father is a _____.   우리 아버지는 소방관이에요.

3 A _____ is writing a news story.   한 기자가 기사를 쓰고 있어요.

4 My grandfather is a _____.   우리 할아버지는 사업가예요.

5 My father is a bus _____.   우리 아버지는 버스 운전사예요.

B 단어를 잘 듣고 받아쓴 후, 우리말 뜻과 연결하세요. w18

6 _____ •   • 배우

7 _____ •   • 무용가

8 _____ •   • 대통령

9 _____ •   • 가수

10 _____ •   • 변호사

Time

calendar calendar

달력

date date

날짜

second second

초

minute minute

분

hour hour

시간

day day

날, 하루, 낮

week week

주

month month

달, 월

season season

계절

year year

년

A 우리말에 맞도록 빈칸에 알맞은 단어를 써넣으세요.

1 I circled my birthday on the _____ .

나는 달력에 내 생일을 동그라미 쳤어요.

2 He marked the _____ of her arrival.

그는 그녀가 도착하는 날짜에 표시했어요.

3 There are 60 minutes in an _____ .

1시간은 60분이에요.

4 Winter is a cold _____ .

겨울은 추운 계절이에요.

5 A _____ has 365 days.

1년은 365일이에요.

B 단어를 잘 듣고 받아쓴 후, 우리말 뜻과 연결하세요. w19

6 _____ •

• 분

7 _____ •

• 주

8 _____ •

• 초

9 _____ •

• 날, 하루, 낮

10 _____ •

• 달, 월

39

Monday Monday

월요일

Tuesday Tuesday

화요일

Wednesday Wednesday

수요일

Thursday Thursday

목요일

Friday Friday

금요일

Saturday Saturday

토요일

Sunday Sunday

일요일

weekend weekend

주말

work work

일하다

rest rest

휴식, 쉬다

A 우리말에 맞도록 빈칸에 알맞은 단어를 써넣으세요.

1 The test is on the first _____ of July.

시험은 7월 첫째 목요일이에요.

2 I watch TV on _____.

나는 일요일에 TV를 봐요.

3 I have plans on _____.

나는 금요일에 계획이 있어요.

4 My dad went to work last _____.

우리 아버지는 지난 주말에 출근했어요.

5 My parents _____ from nine to six.

우리 부모님은 9시부터 6시까지 일해요.

B 단어를 잘 듣고 받아쓴 후, 우리말 뜻과 연결하세요. w20

6 _____ •

• 월요일

7 _____ •

• 휴식, 쉬다

8 _____ •

• 토요일

9 _____ •

• 수요일

10 _____ •

• 화요일

January January

1월

February February

2월

March March

3월

April April

4월

May May

5월

June June

6월

July July

7월

August August

8월

September September

9월

October October

10월

A 우리말에 맞도록 빈칸에 알맞은 단어를 써넣으세요.

1 The weather in _____ is cold.　　　　1월의 날씨는 추워요.

2 _____ has 28 days.　　　　2월에는 28일이 있어요.

3 _____ 15th is Teacher's day in Korea.　　한국에서 5월 15일은 스승의 날이에요.

4 _____ 15th is an important day in Korea.　한국에서 8월 15일은 중요한 날이에요.

5 I was born in _____.　　　　나는 10월에 태어났어요.

B 단어를 잘 듣고 받아쓴 후, 우리말 뜻과 연결하세요. 🎧w21

6 _____　•　　　　• 3월

7 _____　•　　　　• 9월

8 _____　•　　　　• 4월

9 _____　•　　　　• 7월

10 _____　•　　　　• 6월

November November

11월

December December

12월

holiday holiday

휴가, 공휴일

vacation vacation

방학, 휴가

spring spring

봄

summer summer

여름

autumn autumn

가을

winter winter

겨울

different different

다른

return return

돌아오다

듣고 따라하는
원어민 발음

A 우리말에 맞도록 빈칸에 알맞은 단어를 써넣으세요.

1 Christmas is in _____ .

크리스마스는 12월에 있어요.

2 Tom is having a _____ in Hawaii.

톰은 하와이에서 휴가를 보내고 있어요.

3 We harvest crops in _____ .

우리는 가을에 추수를 해요.

4 It gets cold in _____ .

겨울에는 날씨가 추워져요.

5 The twins look very _____ .

그 쌍둥이는 매우 다르게 생겼어요.

B 단어를 잘 듣고 받아쓴 후, 우리말 뜻과 연결하세요. w22

6 _____ •

• 11월

7 _____ •

• 돌아오다

8 _____ •

• 봄

9 _____ •

• 방학, 휴가

10 _____ • •

• 여름

45

Location

in front of in front of

~의 앞에

behind behind

~의 뒤에

next to next to

~의 옆에

top top

꼭대기

middle middle

중간

bottom bottom

밑바닥

corner corner

모퉁이, 구석

end end

끝

here here

이곳, 여기에

there there

그곳, 거기에

A 우리말에 맞도록 빈칸에 알맞은 단어를 써넣으세요.

1   They are sitting _____ us.   그들은 우리 앞에 앉아 있어요.

2   We are standing _____ them.   우리는 그들의 뒤에 서 있어요.

3   A cat is walking on the _____ of the wall.   고양이가 담장 위를 걷고 있어요.

4   There is a table in the _____.   가운데에 테이블이 있어요.

5   There is a chair in the _____.   모퉁이에 의자가 있어요.

B 단어를 잘 듣고 받아쓴 후, 우리말 뜻과 연결하세요. 🎧w23

6   _____   •   •   이곳, 여기에

7   _____   •   •   ~의 옆에

8   _____   •   •   그곳, 저기에

9   _____   •   •   밑바닥

10 _____   •   •   끝

DAY 24 Town

store store

가게, 상점

restaurant restaurant

식당, 음식점

bakery bakery

빵집, 제과점

church church

교회

library library

도서관

hospital hospital

병원

drugstore drugstore

약국

theater theater

극장, 영화관

bank bank

은행

post office post office

우체국

A 우리말에 맞도록 빈칸에 알맞은 단어를 써넣으세요.

1 There is a shoe _____ on 15th Street.　　　15번가에 신발 가게가 있어요.

2 A _____ opened yesterday.　　　한 식당이 어제 문을 열었어요.

3 I read books at the _____.　　　나는 도서관에서 책을 읽어요.

4 Tom went to the _____.　　　톰은 병원에 갔어요.

5 I often go to the _____.　　　나는 자주 극장에 가요.

B 단어를 잘 듣고 받아쓴 후, 우리말 뜻과 연결하세요. 🎧 w24

6 _____ •　　　• 교회

7 _____ •　　　• 약국

8 _____ •　　　• 은행

9 _____ •　　　• 우체국

10 _____ •　　　• 빵집, 제과점

City

building building

건물, 빌딩

town town

마을

company company

회사

pool pool

수영장

park park

공원

airport airport

공항

factory factory

공장

museum museum

박물관

police station police station

경찰서

zoo zoo

동물원

듣고 따라하는
원어민 발음

A 우리말에 맞도록 빈칸에 알맞은 단어를 써넣으세요.

1 The _____ has 10 floors. 그 건물은 10층이에요.

2 Uncle Tom works at a _____. 톰 삼촌은 회사에서 일해요.

3 They are swimming in a _____. 그들은 수영장에서 수영해요.

4 The _____ makes cars. 그 공장은 자동차를 만들어요.

5 I live close to the _____. 나는 경찰서 근처에 살아요.

B 단어를 잘 듣고 받아쓴 후, 우리말 뜻과 연결하세요. w25

6 _____ •   • 공원

7 _____ •   • 박물관

8 _____ •   • 마을

9 _____ •   • 공항

10 _____ •   • 동물원

51

Nation

Korea Korea

한국

Japan Japan

일본

China China

중국

India India

인도

America America

미국

Germany Germany

독일

England England

영국

France France

프랑스

Italy Italy

이탈리아

world world

세계

A 우리말에 맞도록 빈칸에 알맞은 단어를 써넣으세요.

1 There is a sea between Korea and _____. 한국과 일본 사이에는 바다가 있어요.

2 A lot of people are living in _____. 많은 사람들이 중국에 살고 있어요.

3 Berlin is a city of _____. 베를린은 독일의 도시예요.

4 Eiffel Tower is in _____. 에펠탑은 프랑스에 있어요.

5 Rome is in _____. 로마는 이탈리아에 있어요.

B 단어를 잘 듣고 받아쓴 후, 우리말 뜻과 연결하세요. w26

6 _____ •   • 세계

7 _____ •   • 한국

8 _____ •   • 미국

9 _____ •   • 영국

10 _____ •   • 인도

Castle

castle castle

성, 궁전

king king

왕

queen queen

여왕

prince prince

왕자

princess princess

공주

block block

큰 덩어리, 블록

gate gate

문

wall wall

벽

stairs stairs

계단

garden garden

정원

A 우리말에 맞도록 빈칸에 알맞은 단어를 써넣으세요.

1 There is a _____ on the hill. 언덕에 성이 한 채 있어요.

2 _____ Elizabeth I ruled England. 엘리자베스 1세 여왕은 영국을 다스렸어요.

3 The _____ kissed the frog prince. 공주는 개구리 왕자에게 키스했어요.

4 The _____ is wide open. 문은 활짝 열려 있어요.

5 The children ran up the _____. 아이들은 계단을 뛰어 올라갔어요.

B 단어를 잘 듣고 받아쓴 후, 우리말 뜻과 연결하세요. 🎧w27

6 _____ • • 큰 덩어리, 블록

7 _____ • • 왕

8 _____ • • 벽

9 _____ • • 왕자

10 _____ • • 정원

Clothes

cap cap

모자

belt belt

허리띠, 벨트

vest vest

조끼

sweater sweater

스웨터

coat coat

코트

button button

단추, 버튼

pocket pocket

호주머니

shorts shorts

반바지

boots boots

부츠, 장화

wear wear

입다

A 우리말에 맞도록 빈칸에 알맞은 단어를 써넣으세요.

1 Take off your _____.

모자를 벗어 주세요.

2 The man is wearing a _____.

남자가 벨트를 차고 있어요.

3 A _____ is missing from my shirt.

단추 하나가 셔츠에서 떨어져 나갔어요.

4 Many people wear _____ in summer.

많은 사람들은 여름에 반바지를 입어요.

5 I need a new pair of _____.

나는 새 부츠 한 켤레가 필요해요.

B 단어를 잘 듣고 받아쓴 후, 우리말 뜻과 연결하세요. w28

6 _____ •

• 코트

7 _____ •

• 입다

8 _____ •

• 호주머니

9 _____ •

• 조끼

10 _____ •

• 스웨터

DAY 29 Look

young young

젊은

old old

나이 든

strong strong

튼튼한

weak weak

약한

hard hard

단단한, 어려운

soft soft

부드러운

dirty dirty

더러운

clean clean

깨끗한

thick thick

두꺼운

thin thin

얇은

A 우리말에 맞도록 빈칸에 알맞은 단어를 써넣으세요.

1   The man looks very _____ .   그 남자는 매우 젊어 보여요.

2   He is very _____ .   그는 매우 힘이 세요.

3   The beetle has a _____ back.   딱정벌레는 등이 단단해요.

4   My room is very _____ .   내 방은 매우 깨끗해요.

5   This book is _____ and heavy.   이 책은 두껍고 무거워요.

B 단어를 잘 듣고 받아쓴 후, 우리말 뜻과 연결하세요. w29

6   _____ •   • 얇은

7   _____ •   • 부드러운

8   _____ •   • 더러운

9   _____ •   • 약한

10 _____ •   • 나이 든

DAY 30 **Act**

start start

시작하다, 시작되다

finish finish

~을 끝내다, 끝마치다

move move

~을 움직이다, 옮기다

continue continue

계속하다

call call

~에게 전화를 걸다, ~을 부르다

walk walk

걷다, 산책하다

ride ride

~을 타다

put put

~을 놓다, 두다

fall fall

넘어지다, 떨어지다

help help

~을 돕다

듣고 따라하는
원어민 발음

A 우리말에 맞도록 빈칸에 알맞은 단어를 써넣으세요.

1 I _____ed reading the book yesterday.　　나는 어제 그 책을 읽기 시작했어요.

2 We _____d the exercise.　　우리는 운동을 계속했어요.

3 They _____ close to us.　　그들은 우리와 가까이서 걸어가요.

4 Let's _____ bikes.　　자전거를 탑시다.

5 Can you _____ me?　　저를 도와줄 수 있어요?

B 단어를 잘 듣고 받아쓴 후, 우리말 뜻과 연결하세요. 🎧w30

6 _____ •　　• ~을 놓다, 두다

7 _____ •　　• ~을 움직이다

8 _____ •　　• ~에게 전화를 걸다

9 _____ •　　• 넘어지다, 떨어지다

10 _____ •　　• ~을 끝내다

61

(MEMO)

교육부 지정

초등필수 영단어

Answers

3-4
학년용

NEXUS Edu

Day 01

A 1 husband 2 wife 3 son 4 daughter
5 uncle 6 aunt 7 cousin 8 nephew
9 niece 10 live

B 1 husband 2 daughter 3 wife 4 son

C 1 cousin 2 uncle 3 aunt 4 nephew
5 niece 6 live

D 1 nephew 2 aunt 3 niece 4 live
5 husband 6 wife 7 cousin 8 son
9 daughter 10 uncle

E wife, daughter, aunt, nephew, live

Day 02

A 1 baby 2 child 3 boy 4 girl 5 man
6 woman 7 gentleman 8 lady
9 person 10 people

B 1 woman 2 child 3 boy 4 people

C 1 baby 2 girl 3 person 4 gentleman
5 lady 6 man

D 1 baby 2 child 3 boy 4 girl 5 man
6 woman 7 gentleman 8 lady 9 person
10 people

E boy, girl, man, woman, People

Day 03

A 1 eleven 2 twelve 3 thirteen 4 fourteen
5 fifteen 6 sixteen 7 seventeen
8 eighteen 9 nineteen 10 twenty

B 1 twelve 2 twenty 3 eleven 4 sixteen

C 1 eighteen 2 fifteen 3 seventeen
4 fourteen 5 nineteen 6 thirteen

D 1 sixteen 2 eleven 3 fifteen 4 eighteen
5 Thirteen 6 fourteen 7 Twelve 8 twenty
9 seventeen 10 nineteen

E Eleven, twelve, fifteen, eighteen, twenty

Day 04

A 1 great 2 bad 3 scared 4 worry 5 cry
6 joyful 7 upset 8 thirsty 9 hungry
10 tired

B 1 upset 2 worry 3 tired 4 thirsty

C 1 scared 2 great 3 hungry 4 joyful 5 bad
6 cry

D 1 upset 2 hungry 3 bad 4 great 5 worry
6 cry 7 joyful 8 thirsty 9 tired 10 scared

E scared, joyful, thirsty, hungry, great

Day 05

A 1 classroom 2 classmate 3 lesson
4 homework 5 test 6 elementary
7 teach 8 learn 9 read 10 Write

B 1 classroom 2 test 3 lesson
4 homework

C 1 teach 2 read 3 elementary
4 classmate 5 learn 6 write

D 1 classroom 2 classmates 3 lesson
4 homework 5 test 6 elementary
7 teaches 8 learn 9 read 10 writes

E classroom, homework, learn, read, write

Day 06

A 1 Korean 2 English 3 math 4 science
5 art 6 music 7 history 8 study 9 sport
10 health

B 1 science 2 math 3 music 4 art

C 1 history 2 health 3 sport 4 study
5 English 6 Korean

D 1 Korean 2 English 3 sport 4 art 5 study
6 math 7 science 8 music 9 Health
10 history

E English, math, science, art, music

Day 07

A 1 number 2 plus 3 minus 4 once
5 twice 6 zero 7 hundred 8 thousand
9 some 10 a lot of

B 1 minus 2 zero 3 twice 4 thousand

C 1 some 2 plus 3 hundred 4 number
5 a lot of 6 once

D 1 some 2 numbers 3 plus 4 minus
5 a lot of 6 twice 7 zero 8 hundred
9 thousand 10 once

E plus, minus, once, hundred, thousand

Day 08

A 1 rocket 2 robot 3 graph 4 plant
5 vegetable 6 insect 7 earth 8 air
9 stone 10 fire

B 1 earth 2 vegetable 3 stone 4 robot

C 1 fire 2 insect 3 plant 4 graph 5 air
6 rocket

D 1 graph 2 air 3 insects 4 robot 5 fire
6 plant 7 vegetables 8 earth 9 stone
10 rocket

E robot, vegetable, insect, Air, fire

Day 09

A 1 color 2 brush 3 line 4 circle 5 triangle
6 square 7 draw 8 paint 9 make 10 cut

B 1 paint 2 color 3 circle 4 square

C 1 line 2 make 3 draw 4 triangle 5 cut
6 brush

D 1 triangle 2 square 3 paint 4 color
5 makes 6 brush 7 draws 8 cut 9 circle
10 line

E color, line, triangle, make, cut

Day 10

A 1 piano 2 guitar 3 drum 4 violin
5 cello 6 flute 7 trumpet 8 play
9 sing 10 listen

B 1 trumpet 2 cello 3 drum 4 listen

C 1 sing 2 flute 3 play 4 violin 5 guitar
6 piano

D 1 play 2 violin 3 cello 4 flute 5 drum
6 piano 7 guitar 8 trumpet 9 sing
10 listens

E piano, violin, flute, sing, listen

Day 11

A 1 favorite 2 hobby 3 cooking 4 movie
5 dance 6 camera 7 kite 8 badminton
9 jogging 10 travel

B 1 kite 2 dance 3 movie 4 hobby

C 1 cooking 2 jogging 3 badminton
4 favorite 5 camera 6 travel

D 1 badminton 2 camera 3 cooking
4 hobby 5 dance 6 jogging 7 travel
8 movies 9 kite 10 favorite

E badminton, cooking, movies, travel,
Jogging

Day 12

A 1 breakfast 2 lunch 3 dinner 4 egg
5 salad 6 delicious 7 sweet 8 bitter
9 eat 10 drink

B 1 drink 2 egg 3 lunch 4 eat

C 1 salad 2 dinner 3 delicious 4 breakfast
5 bitter 6 sweet

D 1 sweet 2 salad 3 delicious 4 dinner
5 lunch 6 eggs 7 breakfast 8 drink

9 bitter **10** eat

E   sweet, delicious, drink, eat, eggs

Day 13

A   **1** can **2** board **3** piece **4** glove **5** bat
6 album **7** crayon **8** candy **9** plastic
10 flag

B   **1** board **2** album **3** candy **4** plastic

C   **1** flag **2** can **3** glove **4** piece **5** crayon
6 bat

D   **1** candy **2** piece **3** gloves **4** bat **5** album
6 crayon **7** plastic **8** board **9** can
10 flags

E   glove, album, crayons, candies, flag

Day 14

A   **1** root **2** seed **3** stem
4 leaf / leaves / leaves **5** flower
6 sunflower **7** rose **8** tulip
9 lily / lilies / lilies **10** grow

B   **1** flower **2** lily **3** stem **4** grow

C   **1** root **2** seed **3** rose **4** sunflower **5** leaf
6 tulip

D   **1** Tulips **2** flower **3** roots **4** seed **5** roses
6 Lilies **7** grow **8** stem **9** leaf
10 sunflower

E   seeds, roots, Sunflowers, tulips, grow

Day 15

A   **1** giraffe **2** kangaroo **3** cheetah **4** iguana
5 deer **6** camel **7** panda **8** owl **9** ostrich
10 penguin

B   **1** iguana **2** kangaroo **3** panda **4** camel

C   **1** owl **2** penguin **3** giraffe **4** cheetah
5 deer **6** ostrich

D   **1** Camels **2** panda **3** Owls **4** penguins
5 ostriches **6** Kangaroos **7** Cheetahs
8 iguana **9** deer **10** Giraffes

E   giraffes, kangaroo, deer, camel, ostrich

Day 16

A   **1** whale **2** shark **3** dolphin **4** seal
5 squid **6** octopus **7** crab **8** lobster
9 shrimp **10** starfish

B   **1** shrimp **2** crab **3** whale **4** squid

C   **1** shark **2** dolphin **3** lobster **4** seal
5 starfish **6** octopus

D   **1** Seals **2** octopus **3** lobster **4** whale
5 dolphin **6** Starfish **7** squids **8** shrimp
9 crab **10** sharks

E   Whales, Sharks, octopus, Dolphins,
squid

Day 17

A   **1** butterfly / butterflies / butterflies **2** bee
3 dragonfly / dragonflies / dragonflies
4 beetle **5** ladybug **6** ant **7** grasshopper
8 fly / flies / flies **9** mosquito **10** spider

B   **1** grasshopper **2** fly **3** beetle **4** ant

C   **1** spider **2** ladybug **3** dragonfly
4 mosquito **5** bee **6** butterfly

D   **1** Ladybugs **2** grasshopper **3** butterfly
4 ant **5** mosquito **6** spiders
7 dragonflies **8** fly **9** beetles **10** bees

E   grasshopper, spiders, mosquitos,
butterfly, ants

Day 18

A   **1** President **2** astronaut **3** singer
4 dancer **5** firefighter **6** reporter
7 businessman **8** driver **9** actor
10 lawyer

B   **1** singer **2** firefighter **3** businessman
4 dancer

C   **1** driver **2** actor **3** astronaut **4** president
5 reporter **6** lawyer

D   **1** driver **2** reporter **3** singer **4** dancer
5 astronaut **6** actor **7** firefighter
8 businessman **9** president **10** lawyer

E   astronaut, actor, Reporters, lawyer,
Firefighter

Day 19

A   **1** calendar **2** date **3** second **4** minute
5 hour **6** day **7** week **8** month **9** season
10 year

B   **1** second **2** hour **3** month **4** year

C   **1** week **2** date **3** calendar **4** minute
5 day **6** season

D   **1** season **2** minutes **3** days **4** date
5 month **6** week **7** hour **8** year
9 seconds **10** calendar

E   hours, days, seconds, season, month

Day 20

A   **1** Monday **2** Tuesday **3** Wednesday
4 Thursday **5** Friday **6** Saturday
7 Sunday **8** weekend **9** work **10** rest

B   **1** rest **2** Tuesday **3** Friday **4** Sunday

C   **1** weekend **2** work **3** Wednesday
4 Monday **5** Thursday **6** Saturday

D   **1** work **2** Tuesday **3** Sunday **4** Monday
5 Thursday **6** Wednesday **7** Friday
8 Saturday **9** weekends **10** rest

E   Wednesday, weekends, Friday, Monday,
Thursday

Day 21

A   **1** January **2** February **3** March **4** April
5 May **6** June **7** July **8** August
9 September **10** October

B   **1** August **2** June **3** October **4** February

C   **1** May **2** July **3** September **4** January
5 April **6** March

D   **1** August **2** September **3** February
4 March **5** April **6** May **7** October
8 January **9** June **10** July

E   July, March, August, May, October

Day 22

A   **1** November **2** December **3** holiday
4 vacation **5** spring **6** summer **7** autumn
8 winter **9** different **10** return

B   **1** autumn **2** spring **3** return **4** holiday

C   **1** winter **2** summer **3** November
4 different **5** December **6** vacation

D   **1** holiday **2** autumn **3** spring **4** returns
5 vacation **6** different **7** November
8 winter **9** summer **10** December

E   spring, autumn, November, winter,
summer

Day 23

A   **1** in front of **2** behind **3** next to **4** top
5 middle **6** bottom **7** corner **8** end
9 here **10** there

B   **1** behind **2** corner **3** here **4** bottom

C   **1** there **2** end **3** in front of **4** next to
5 middle **6** top

D   **1** in front of **2** middle **3** bottom **4** behind
5 Here **6** There **7** next to **8** corner **9** end
10 top

E   top, corner, in front of, middle, Here

Day 24

A   **1** store **2** restaurant **3** bakery **4** church
5 library **6** hospital **7** drugstore **8** theater
9 bank **10** post office

B   **1** bank **2** store **3** library **4** bakery

C   **1** theater **2** church **3** post office
4 restaurant **5** hospital **6** drugstore

D   **1** store **2** church **3** post office
4 drugstore **5** library **6** bakery **7** theater
8 restaurant **9** bank **10** hospital

E   restaurant, library, hospital, theater, store

Day 25

A   **1** high **2** town **3** company **4** pool
     5 park **6** airport **7** factory **8** museum
     9 police station **10** zoo

B   **1** town **2** police station **3** museum
     4 park

C   **1** zoo **2** pool **3** airport **4** building
     5 company **6** factory

D   **1** town **2** airport **3** police station
     4 company **5** building **6** factory **7** pool
     8 museum **9** zoo **10** park

E   airport, zoo, town, museum,
     police station

Day 26

A   **1** Korea **2** Japan **3** China **4** India
     5 America **6** Germany **7** England
     8 France **9** Italy **10** world

B   **1** Italy **2** India **3** Korea **4** world

C   **1** China **2** Japan **3** Germany **4** England
     5 America **6** France

D   **1** America **2** France **3** Italy **4** Korea
     5 England **6** Germany **7** Japan **8** China
     9 India **10** world

E   Korea, Germany, Italy, America, France

Day 27

A   **1** castle **2** king **3** queen **4** prince
     5 princess **6** block **7** gate **8** wall **9** stairs
     10 garden

B   **1** gate **2** princess **3** stairs **4** king

C   **1** queen **2** castle **3** prince **4** garden
     5 block **6** wall

D   **1** castles **2** wall **3** stairs **4** garden
     5 princess **6** King **7** Queen **8** prince
     9 block **10** gate

E   castle, king, queen, gate, garden

Day 28

A   **1** cap **2** belt **3** vest **4** sweater **5** coat
     6 button **7** pocket **8** shorts **9** boots
     10 wear

B   **1** pocket **2** sweater **3** cap **4** boots

C   **1** coat **2** belt **3** button **4** vest **5** shorts
     6 wear

D   **1** cap **2** sweater **3** wears **4** buttons
     5 belt **6** shorts **7** vest **8** pockets **9** coat
     10 boots

E   cap, coat, shorts, boots, belt

Day 29

A   **1** young **2** old **3** strong **4** weak **5** hard
     6 soft **7** dirty **8** clean **9** thick **10** thin

B   **1** strong **2** soft **3** weak **4** thin

C   **1** thick **2** hard **3** young **4** clean **5** old
     6 dirty

D   **1** clean **2** strong **3** dirty **4** thin **5** weak
     6 young **7** soft **8** hard **9** old **10** thick

E   young, strong, soft, hard, clean

Day 30

A   **1** start **2** finish **3** move **4** continue
     5 call **6** walk **7** ride **8** put **9** fall **10** help

B   **1** finish **2** help **3** call **4** ride

C   **1** walk **2** move **3** start **4** continue **5** fall
     6 put

D   **1** continued **2** called **3** walks **4** started
     5 put **6** fell **7** finished **8** rides **9** moved
     10 helped

E   walk, starts, call, ride, finish

워크북 정답

Day 01

A 1 husband 2 daughter 3 cousin
4 nephew 5 aunt

B 6 son – 아들 7 wife – 아내
8 niece – 조카(여자) 9 uncle – 삼촌
10 live – 살다

Day 02

A 1 child 2 boy 3 girl 4 woman
5 gentleman

B 6 lady – 숙녀 7 baby – 아기
8 people – 사람들 9 man – 남자
10 person – 사람

Day 03

A 1 eleven 2 twelve 3 fourteen
4 nineteen 5 twenty

B 6 seventeen – 17, 열일곱
7 fifteen – 15, 열다섯 8 eighteen – 18, 열여덟
9 sixteen – 16, 열여섯 10 thirteen – 13, 열셋

Day 04

A 1 great 2 bad 3 scared 4 joyful 5 thirsty

B 6 hungry – 배고픈 7 cry – 울다
8 tired – 피곤한 9 upset – 화가 난
10 worry – 걱정하다

Day 05

A 1 classroom 2 classmate 3 homework
4 elementary 5 learn

B 6 write – ~을 쓰다 7 lesson – 수업, 과목
8 read – ~을 읽다 9 test – 시험
10 teach – ~을 가르치다

Day 06

A 1 Korean 2 math 3 science 4 sport
5 history

B 6 study – 공부하다 7 art – 미술, 예술
8 health – 보건, 건강 9 English – 영어
10 music – 음악

Day 07

A 1 plus 2 minus 3 twice 4 thousand
5 a lot of

B 6 hundred – 백, 100 7 once - 한 번
8 zero – 영, 0 9 some – 약간의
10 number – 번호, 수

Day 08

A 1 rocket 2 robot 3 vegetable 4 insect
5 earth

B 6 plant – 식물 7 fire – 불 8 air – 공기, 대기
9 graph – 그래프 10 stone – 돌

Day 09

A 1 color 2 brush 3 square 4 triangle
5 paint

B 6 cut – ~을 자르다 7 line – 선, 줄
8 draw – ~을 그리다 9 circle – 동그라미, 원
10 make – ~을 만들다

Day 10

A 1 piano 2 cello 3 flute 4 trumpet 5 sing

B 6 listen – ~을 듣기 7 violin – 바이올린
8 play – 연주하다 9 guitar – 기타
10 drum – 드럼

Day 11

A 1 favorite 2 cooking 3 camera 4 kite
5 jogging

B 6 dance – 춤, 춤추다 7 travel – 여행, 여행하다
8 movie – 영화 9 badminton – 배드민턴
10 hobby – 취미

Day 12

A 1 breakfast 2 dinner 3 delicious 4 bitter
5 drink

B 6 eat – ~을 먹다 7 lunch – 점심 식사
8 salad – 샐러드 9 sweet – 달콤한
10 egg – 달걀, 알

Day 13

A 1 board 2 piece 3 bat 4 crayon 5 flag

B 6 candy – 사탕 7 album – 앨범
8 glove – 장갑 9 plastic – 플라스틱, 비닐의
10 can – 깡통, 캔

Day 14

A 1 seed 2 leaf 3 sunflower 4 tulip 5 lily

B 6 grow – 기르다, 자라다 7 flower – 꽃
8 root – 뿌리 9 rose – 장미
10 stem – (식물의) 줄기

Day 15

A 1 giraffe 2 kangaroo 3 camel 4 panda

5 ostrich

B 6 iguana – 이구아나 7 penguin – 펭귄
8 deer – 사슴 9 cheetah – 치타
10 owl – 부엉이, 올빼미

Day 16

A 1 whale 2 shark 3 squid 4 lobster
5 starfish

B 6 octopus – 문어 7 seal – 물개, 바다표범
8 crab – 게 9 shrimp – 새우
10 dolphin – 돌고래

Day 17

A 1 butterfly 2 bee 3 dragonfly
4 mosquito 5 spider

B 6 grasshopper – 메뚜기 7 ant – 개미
8 ladybug – 무당벌레 9 beetle – 딱정벌레
10 fly – 파리

Day 18

A 1 astronaut 2 firefighter 3 reporter
4 businessman 5 driver

B 6 dancer – 무용가 7 lawyer – 변호사
8 president – 대통령 9 actor – 배우
10 singer – 가수

Day 19

A 1 calendar 2 date 3 hour 4 season
5 year

B 6 week – 주 7 month – 달, 월 8 minute – 분
9 second – 초 10 day – 날, 하루, 낮

Day 20

A 1 Thursday 2 Sunday 3 Friday
4 weekend 5 work

B 6 Wednesday – 수요일 7 rest – 휴식, 쉬다
8 Monday – 월요일 9 Saturday – 토요일
10 Tuesday – 화요일

Day 21

A 1 January 2 February 3 May 4 August
5 October

B 6 April – 4월 7 June – 6월
8 September – 9월 9 March – 3월
10 July – 7월

Day 22

A **1** December **2** holiday **3** autumn
4 winter **5** different

B **6** November – 11월 **7** summer – 여름
8 vacation – 방학, 휴가 **9** return – 돌아오다
10 spring – 봄

Day 23

A **1** in front of **2** behind **3** top **4** middle
5 corner

B **6** next to – ~의 옆에 **7** here – 이곳, 여기에
8 end – 끝 **9** there – 그곳, 저기에
10 bottom – 밑바닥

Day 24

A **1** store **2** restaurant **3** library **4** hospital
5 theater

B **6** bakery – 빵집, 제과점
7 post office – 우체국 **8** drugstore – 약국
9 church – 교회 **10** bank – 은행

Day 25

A **1** building **2** company **3** pool **4** factory
5 police station

B **6** town – 마을 **7** zoo – 동물원
8 museum – 박물관 **9** airport – 공항
10 park – 공원

Day 26

A **1** Japan **2** China **3** Germany **4** France
5 Italy

B **6** America – 미국 **7** India – 인도
8 Korea – 한국 **9** world – 세계
10 England – 영국

Day 27

A **1** castle **2** Queen **3** princess **4** gate
5 stairs

B **6** king – 왕 **7** garden – 정원 **8** prince – 왕자
9 block – 큰 덩어리, 블록 **10** wall – 벽

Day 28

A **1** cap **2** belt **3** button **4** shorts **5** boots

B **6** pocket – 호주머니 **7** sweater – 스웨터
8 vest – 조끼 **9** wear – 입다 **10** coat – 코트

Day 29

A **1** young **2** strong **3** hard **4** clean **5** thick

B **6** old – 나이 든 **7** dirty – 더러운 **8** thin – 얇은
9 soft – 부드러운 **10** weak – 약한

Day 30

A **1** start **2** continue **3** walk **4** ride **5** help

B **6** finish – ~을 끝내다 **7** fall – 넘어지다, 떨어지다
8 move – ~을 움직이다 **9** put – ~을 놓다, 두다
10 call – ~에게 전화를 걸다

보고 ★ 듣고 ★ 읽고 ★ 쓰면서 외우는

초등필수 영단어

교육부 초등 권장 어휘
+
학년별 필수 표현 수록

Step 1

이미지 연상법과 패턴 연습으로
단어와 문장을 동시에 암기해요.

Step 2

퀴즈와 퍼즐로 재미있게 단어를 익혀요.

Step 3

단어 고르기와 빈칸 채우기 문제로
익힌 단어를 확인해요.

Step 4

책에 들어 있는 워크북으로 꼼꼼하게
마무리해요.

원어민 음성 듣는 방법 3가지

정답 및 MP3 음원 다운로드 www.nexusbook.com

⭐ QR코드 스캔

⭐ 주소창에 사이트 주소 입력

http://word.nexusbook.com

⭐ 검색창에 책 제목 입력

초등필수 영단어